청소년들의 진로와 직업 탐색을 위한
잡프러포즈 시리즈 18

마음을 열 수 있다면

ANNOUNCER

마음을 열 수 있다면

아나운서

윤지영 지음

언어는 만물의 척도다.
생각도 일종의 언어다.
말에는 음악이 깃들어 있다.
내 언어의 한계는 내 세계의 한계를 의미한다.

– 비트겐슈타인 Wittgenstein –

말하는 것은 지식의 영역이고
듣는 것은 지혜의 특권이다

– 올리버 웬델 홈스 Oliver Wendell Holmes –

C·O·N·T·E·N·T·S

아나운서 윤지영의 프러포즈 _010

첫인사 _013

아나운서란 _017
아나운서는 어떤 일을 하나요 _018
아나운서는 콘텐츠 생산자가 아닌 전달자인 거죠 _022
아나운서도 각 분야의 전문가가 되겠네요 _024
아나운서는 바른말을 사용해야 하는 직업이에요 _025
외국에도 직업 아나운서가 있나요 _027
아나운서 직업의 역사를 알려 주세요 _028
방송국에서 아나운서 부서가 큰 편인가요 _030
MC와 앵커의 차이가 뭔가요 _032
스포츠 캐스터, 기상 캐스터도 아나운서예요 _035
아나운서 직업의 좋은 점은 무엇인가요 _039
이 일의 힘든 점은 무엇인가요 _040
전현무 아나운서가 KBS 출신이죠 _045
아나운서가 프리랜서를 선언하는 이유가 있나요 _048
전문가들을 인터뷰하는 노하우가 있나요 _050
전문가와 시청자 모두에게 공감해야겠어요 _051
라디오와 TV 진행 중 어떤 게 더 재미있나요 _054
아나운서 직업은 미래에 어떻게 변할까요 _055
한국어 수요가 많은데 해외 진출도 하나요 _056

아나운서의 세계 _057
방송 준비는 어떻게 하나요 _058
기억나는 방송 사고가 있나요 _061
라디오 DJ로서 가장 뿌듯할 때는 언제인가요 _063
아나운서들의 독특한 삶의 방식이 있나요 _066
여유 시간에는 뭐 하세요 _067
발성, 호흡 등의 훈련은 어떻게 하나요 _068
말을 잘하는 훈련이 따로 있나요 _069
목소리는 잘 안 늙는 것 같아요 _070
목은 어떻게 관리하나요 _071
가장 기억에 남는 프로그램이 뭐예요 _072
아나운서 직업을 소재로 한 작품이 있나요 _074

아나운서가 되는 방법 _075
방송사 아나운서가 되는 방법을 알려 주세요 _076
계약직 아나운서를 해 본 경험이 시험에서 더 유리한가요 _078
유리한 전공이 있나요 _079
공채시험 준비과정은 어떤가요 _080
합격 비결이 있을까요 _081
어떤 과목을 잘하는 게 유리할까요 _082
어떤 사람이 아나운서가 되면 좋을까요 _083
아나운서 직업과 안 맞는 사람은 누구일까요 _084
아나운서가 되고 싶은 사람들에게 조언을 부탁드려요 _085
윤지영 아나운서가 알려주는 공채시험 Tip _088

C·O·N·T·E·N·T·S

아나운서가 되면 _091

공채시험에 합격하면 어떤 과정을 거치나요 _092

아나운서들끼리 경쟁이 심한가요 _096

KBS 연봉은 어떻게 되나요 _097

방송국 아나운서 성비는 어떻게 되나요 _098

아나운서 직급 체계가 어떻게 돼요 _099

프리랜서와 방송사 아나운서의 처우가 어떻게 다르죠 _100

아나운서의 일과를 이야기해 주세요 _102

회의나 회식이 많은가요 _103

아나운서만의 직업병은 뭔가요 _104

주5일 근무가 잘 지켜지나요 _106

아나운서에서 다른 직업으로 진출하는 경우가 있나요 _109

대부분 정년퇴직까지 근무하나요 _110

후배들에게 어떤 조언을 하세요 _111

말은 인생을 바꾼다 _113

'다르다'와 '틀리다' _114

친구들의 언어를 한 번 살펴보세요 _115

말 이외에 언어는 뭐가 있을까요 _119

일반 언어와 방송 언어가 다른가요 _120

좋은 언어와 나쁜 언어의 기준은 무엇인가요 _124

우리는 모두 생활의 아나운서네요 _126

내 마음을 잘 표현하는 방법이 있을까요 _127

나도 아나운서 _129

아나운서 윤지영 스토리 _151
부모님은 어떤 분이신가요 _152
어린 시절은 어땠나요 _153
중고등학생 시절의 장래희망은 뭐였어요 _154
특별히 기억나는 사건이 있나요 _155
학창시절의 멘토가 있나요 _156
방송사 공채 시험은 어떻게 준비했나요 _157
아나운서 후배들에게 어떤 선배이신가요 _158
딸들이 TV에서 엄마가 나오면 뭐라고 하나요 _159
선생님의 10년 후, 20년 후의 모습은 어떨까요 _160
아나운서 윤지영은 어떤 세상을 꿈꾸나요 _161
이 책을 마치며 _162

부록 _165
감독 및 연출자 _170
촬영기사 및 방송장비기사 _176
기자 _182

안녕하세요.
KBS 아나운서 윤지영입니다.

저는 현재 공영방송 KBS의 23년 차 아나운서로서
교양 프로그램, 라디오 진행자, 뉴스 앵커로
여러분을 찾아가고 있습니다.

여러분은 다양한 형태의 방송과 매체를 통해
많은 진행자를 만나고 있습니다.
다채널 다매체인 이 시대를 살아가는 여러분은
자기 분야의 전문가가 되어
그 누구라도 자신의 방송을 진행할 수 있습니다.
나만의 방송을 만드는 상상을 해 보세요.
정말 멋지지 않나요?

여러분의 인생에서 가장 중요한 것은
누군가와 소통을 해 나가는 거예요.
인간과 로봇이 공존하는 시대가 곧 오겠지만
그 시대에도 가장 중요한 것은 인간과 인간

ANNOUNCER

혹은 인간과 기계의 소통입니다.

어떤 소통 수단이 개발된다고 해도

말이라는 매개체는 가장 강력한 수단입니다.

방송인을 꿈꾸는 후배 여러분!

미래를 변화시키는 꿈을 꾸는 모든 청년 여러분!

이 책을 통해 대화가 가진 강력한 힘을 깨닫고

말 속에 담아야 할 우리의 마음에 대해

함께 생각해 봤으면 좋겠습니다.

강력한 말하기와 그 속에 담긴 따뜻한 마음은

이 세상을 충분히 변화시킬 수 있다고 확신합니다.

이 책이 여러분의 그 계기가 되기를 바랍니다.

가까운 미래의 방송인

또는 한 분야의 전문가가 되어 방송에 출연할

여러분과 함께 하는 그때를 꿈꾸어 봅니다.

지금까지 KBS 아나운서 윤지영이었습니다.

첫인사

토크쇼 편집자 – 편

윤지영 아나운서 – 윤

■편 선생님, 안녕하세요? 선생님의 소개를 부탁드립니다.

■윤 안녕하세요. KBS 공채24기 아나운서 윤지영입니다. 항상 누군가를 인터뷰하거나 소개하는 일을 23년간 해왔는데 제가 인터뷰 대상이 되어 아나운서들을 대표해서 미래의 후배들에게 프러포즈한다고 생각하니까 기분이 묘하기도 하고 설레기도 하네요. 아나운서 직업을 소개하기보다는 23년간 살아오면서 방송 현장에서 느낀 저의 솔직한 마음, 말의 의미에 대해 깨달은 것들을 여러분께 오롯이 전달해드리고 싶습니다.

■편 학생들이 목소리를 들을 순 없겠지만 그래도 마음은 전해질 것 같아요. 선생님께서 〈3시와 5시 사이〉라는 라디오 프로그램을 진행하셨을 때 사연을 응모해서 공연 표를 받은 적이 있습니다. 선생님의 목소리를 들으면 친한 언니와 함께 일대일로 편안한 대화를 나누는 것 같은 느낌이었어요. 아나운서라는 직업은 화면 안에서 많은 사람의 주목을 받는 일이잖아요. 좋은 점과 힘든 점이 반반일 것 같아요. 선생님 생각은 어떤가요?

■윤 아나운서라는 직업은 타인에게 신뢰감을 줍니다. 저를 모르는 분들이 저에 대해 믿음을 갖고 대해 주시면 이 직업에 대

해 감사함과 자부심을 느끼게 되고요. 물론 그런 신뢰감을 어깨에 짊어지고 살아간다는 것이 때로는 부담과 의무감으로 느껴지기도 해요. 공인이 가진 특권과 의무감을 동시에 느끼며 살아가고 있습니다.

편 이 직업이 우리 사회와 이 책을 읽는 학생들에게 어떤 의미가 될 수 있을까요?

윤 현재 아나운서란 직업의 가장 중요한 역할은 우리말 지킴이일 것 같습니다. 방송에서 바른 말 고운 말을 지켜나가는 등대 역할이에요. 등대는 환할 때 그 필요성을 못 느끼지만, 밤에는 배들의 길잡이가 되어 주잖아요? 요즘같이 언어생활이 혼탁해지고 방송 언어조차 극심하게 오염되는 시점에 아나운서의 역할 즉 우리말 길잡이로서 해야 할 역할은 이 사회에 꼭 필요한 일이라고 생각합니다.

어떤 질문이든 아나운서란 직업에 대해 제가 이야기해 줄 수 있는 모든 것을 성심성의껏 답변해드리겠습니다.

편 저는 「말이 씨앗이 된다.」는 속담이 진리에 가깝다고 생각한 적이 많습니다. 선생님의 직업을 따라가는 여행은 말의 힘에 대해 깨닫는 여행일 것 같아요. 제 질문이 부족하더라도 잘 부탁드립니다. 이제 시작해 볼까요? 여러분 준비 되셨나요? 지금부터 윤지영 선생님과 함께 아나운서의 세계로 들어가 보겠습니다!

ANNOUNCER

아나운서란

아나운서는 어떤 일을 하나요

편. 우리는 아나운서 직업에 관해 이야기를 할 거예요. 어떤 범위를 두어야 할까요?

윤. 정규직 아나운서로 한정 지어서 얘기해야 할 것 같아요. 종편이나 케이블에서 계약직 아나운서를 뽑긴 하지만 너무 열악하더라고요. 1~2년 만에 해고하는 경우도 많고요. 아나운서 지망생들은 대부분 방송사 공채 시험을 준비하기 때문에 정규직 아나운서에 대해 이야기를 하는 게 도움이 될 것 같아요.

편. 아나운서는 어떤 일을 하나요?

윤. 제가 KBS 아나운서니까 KBS 중심으로 말씀드릴게요. 아나운서는 뉴스 앵커, MC, 교양 MC랑 예능 MC, 라디오 DJ, 리포터, 나레이션 등을 해요.

방송국 아나운서들은 치열한 경쟁에 놓여 있어요. 나레이션을 하고 싶으면 성우하고 경쟁하고, 좋은 뉴스의 앵커를 하고 싶으면 기자들과 그 자리를 놓고 경쟁을 해야 돼요. MC를 하고 싶으면 불특정 다수 즉 코미디언, 탤런트, 영화배우, PD와 경쟁을 해야 하고요. DJ도 마찬가지예요. 다들 MC를 정말 잘하거든요. 최근에 나타난 새로운 경쟁자는 각 분야의 전문가들이에요. 전문가들은 자신만의 콘텐츠를 갖고 있어서 시청자와 방송사 모두 선호하더라고요. 일반인 중에도 방송 자질을 갖춘 사람도 많아요. 이렇게 아나운서는 불특정 다수와 항상 경쟁하면서 프로그램을 진행하고 있어요.

편 내가 하고 싶다고 프로그램을 할 수 있는 게 아니네요?

윤 맞아요. 제가 23년 차 아나운서예요. 맨 처음에 아나운서로 입사하면 누구나 9시 뉴스 앵커를 꿈꾸죠. 제 입사 동기가

교양 프로그램 진행

12명인데 모두의 꿈이 9시 뉴스 앵커였어요. 그런데 하다 보니까 뉴스, 예능 프로그램, 장애인 프로그램, 심야 라디오 DJ도 하게 되었죠.

편 정말 다양한데요?

윤 자기가 의도한 대로 안 돼요. 방송 상황과 개편 분위기, 시청자 요구가 매번 다르니까요. 그래서 항상 준비돼 있어야 해요. 많이 배우고 노력해야죠. 저는 아나운서가 이렇게 다양한 프로그램을 하는 줄 몰랐어요. 만약 알았다면 이 직업에 대해 엄두도 못 냈을 것 같아요.

아나운서는 콘텐츠 생산자가 아닌 전달자인 거죠

편 아나운서라는 직업이 콘텐츠 생산자는 아니죠? 전달자라고 봐야 하나요?

윤 예전에는 정말 정확하게 전달자 역할이었어요. 입사하고 나서 항상 교육을 받았어요.

"튀면 안 된다. 프로그램이 돋보여야지 네가 돋보이면 안 된다."

"너는 뉴스를 전달하는 매개체, DJ는 노래를 전달하는 매개체일 뿐이다."

"너의 의견이나 생각은 중요하지 않고 오히려 그런 걸 표현하는 게 방송의 중립성을 해칠 수 있다."

그래서 제일 괴로웠던 게 예전에 거침없이 얘기했던 것들을 방송에서 못하는 거였죠.

'이거 내 의견인데 말해도 되나?'

'내가 이 단어를 사용하면 프로그램의 품위가 떨어지는 거 아닐까?'

아나운서가 되고 나서 내가 할 수 있는 말이 점점 줄어들었어요. 사실 아나운서는 말하기에 재능을 가진 사람들인데

자꾸 누르는 연습을 하니까 '아나운서가 나오는 방송은 재미없다'는 이야기도 많이 들렸죠.

편 지금은 많이 바뀌었죠?

윤 그럼요. 예전에는 아나운서, 사회, 시청자 모두가 순진했던 것 같아요. 아나운서가 무미건조하게 정보를 전달하면 사람들이 그대로 받아들이고 자기화했죠. 지금은 콘텐츠를 전달하는 역할에도 개성이 필요한 시대가 됐어요.

사람들은 생각하죠.

'난 무미건조한 뉴스는 싫어. 정확한 색깔이 있는 뉴스가 좋아.'

JTBC 뉴스가 주목받는 이유는 자기네가 진보라는 걸 밝히고 이야기하거든요. 그게 보수가 봤을 땐 틀린 뉴스일 수도 있고, 예전에는 있을 수 없는 일이었어요. 이제는 시청자 쪽에서 중립적인 뉴스를 원하지 않는 거예요. 그래서 KBS 채널을 보시는 분들은 60대 이상이에요. 중립적인 뉴스에 익숙한 세대죠. 사실 방송사도 아나운서도 중립적인 태도를 지켜야 하지만 이제는 자기 색깔이 없으면 도태될 수밖에 없는 시대가 되어 버렸어요.

아나운서도 각 분야의 전문가가 되겠네요

편 워낙 지식과 정보가 많잖아요. 아나운서도 각 분야의 전문가가 되어야겠어요.

윤 예전에는 교육 프로그램을 하면 5년 동안 무난하게 하다가 다음 프로로 넘어갔어요. 그런데 지금은 달라요. 내가 교육 프로그램을 5년간 진행했다면 아나운서도 교육 전문가가 되어 있어야 해요. 진행자인 저 또한 전문지식, 콘텐츠, 그 분야에 대한 사명감 등을 갖추어야 한 단계 성장한 진행자가 되어 다음 프로그램에 설 수 있어요.

아나운서는 바른말을 사용해야 하는 직업이에요

편 아나운서는 반드시 바른말을 사용해야 하는 유일한 직업 아닐까요? 언어에 대한 사명감을 느낄 것 같아요.

윤 맞아요. KBS 아나운서실은 한국어 연구부와 아나운서부로 나뉘어 있어요. 한국어연구부는 특별한 사람이 소속되는 조직이 아니라 모든 아나운서가 거쳐야 하는 필수 부서입니다. 〈바른 말 고운 말〉을 제작하는 곳이죠.

최근에는 교육부와 손잡고 〈찾아가는 우리말 선생님〉이라는 교육 프로그램을 진행하고 있어요. 전국의 모든 학교에서 신청을 받고, 말이 얼마나 중요한지 교재도 만들어요. KBS 아나운서실의 한국어연구부가 주체하지만, KBS에 소속된 100명의 아나운서가 서로 번갈아 가면서 학교 현장에 나가죠. 한 해에 100개 정도의 학교를 찾아가는 것 같아요.

저도 몇 번 나갔어요. 어떤 학교는 강의를 녹화해서 TV를 통해 전교생에게 보여주기도 하고, 강당이 큰 학교는 직접 강의를 할 때도 있어요. 전교생이 다 모이면 너무 복잡하니까 학생을 선발해서 참여시키기도 하는데, 어떤 선생님께서는 학교에서 비속어를 가장 많이 쓰는 문제아들을 제일 앞줄에 앉혀

놓더라고요. 학생들의 관심을 끌기 위해 선물도 준비하고, 웃기기 위해서 노력을 많이 해요.

학생들 반응은 어떤가요?
초등학생들은 잘 들어요. 아직 때가 안 묻은 거겠죠. 고등학생들은 졸리더라도 듣는 시늉은 해요. 상대방에 대한 배려인 것 같아요. 제일 힘든 건 중학생들이에요. 집중시키는 게 정말 힘들어요. 그래서 VCR도 제작하고, 일종의 실험도 진행해서 말이 얼마나 큰 영향력을 가졌는지 보여주죠.

외국에도 직업 아나운서가 있나요

편 외국에도 직업 아나운서가 있나요?

윤 NHK, BBC하고 비교를 많이 해요. NHK에는 아나운서가 있어요. 서양에는 아나운서라는 직업 자체가 없고요. 서양은 앵커 아니면 MC가 진행을 맡아요. BBC와 NHK의 말은 영국과 일본 말의 잣대가 돼요. 국민이 인정하고 따르는 거죠. 방송사도 그 역할을 충실히 하고요. 영국이 서양이어서 개방적일 것 같지만 전혀 그렇지 않아요. TV 수신료가 우리의 10배에서 20배 정도 되는데, 시청자들이 그 돈을 아까워하지 않아요. 대신 방송사도 광고 수입에 의존하지 않고 가치 있는 프로그램을 만들기 위해 노력을 해요. 우리나라는 모든 게 돈하고 연결되어 있어서 방송의 질적 문제가 계속 나타나는 것 같아요. 앞으로 극복해야죠.

아나운서 직업의 역사를 알려 주세요

편 아나운서 직업의 역사를 알려 주세요.

윤 아나운서라는 직업이 처음 생긴 곳은 일본 NHK 방송국 이래요.

방송국에서 공채로 아나운서를 뽑아 앵커, 진행자, DJ, 나레이션 등을 담당하는 전문가 집단을 처음 만든 곳이 일본 공영방송인 NHK예요. 현재도 한국과 일본, 중국 등 동양의 몇몇 국가에만 아나운서란 직종이 있습니다.

편 일본에서 이 직업이 탄생한 이유가 있을까요?

윤 동양 문화는 뭔가 정제하는 걸 좋아하잖아요. 전문가가 방송을 잘 할 수 있도록 중간에서 시청자와 전문가를 이어주는 사회자가 필요하다고 생각한 거죠. 방송에서 중간 역할을 해주는 사람이라고 할까요? 미국이나 유럽 쪽은 좋게 말하면 자유분방하고 거침없어요. 굳이 중간 역할이 필요 없다고 생각한 거 같아요. 취재한 사람이 앵커 하면 되고, 웃기는 사람이 MC를 하면 되죠.

미국이나 유럽에서 제 직업을 아나운서라고 소개하면 사

람들이 못 알아들어요. 말하는 직업이라는 건 알겠는데 어떤 말을 하느냐고 물어보죠. 무슨 쇼 프로그램을 하고, 라디오 DJ도 하고, 뉴스도 한다고 말하면 깜짝 놀라요. 이걸 어떻게 다 하느냐고 신기해해요.

방송국에서 아나운서 부서가 큰 편인가요

편 KBS에서 아나운서 부서가 큰 편인가요?

윤 100명 정도 돼요. 엔지니어가 몇천 명이고, PD와 기자는 700~800명 되니까 아나운서 부서는 작은 규모죠. 방송 프로그램에서 진행자는 한 명만 필요하지만, 엔지니어는 오디오, 조명, 컴퓨터, 카메라 등 수없이 많잖아요. KBS 직원이 총 4천 명 정도 되는데 그중 100명이 아나운서니까 아주 작은 조직이죠. 그렇지만 화면에 나오는 일이다 보니 조직의 규모에 비해 영향력은 커요.

사실 KBS 아나운서가 제일 많아요. MBC는 50명 정도 될 거예요. SBS는 30~40명이고요. 아나운서를 정규직으로 채용하는 TBS, CBS, 평화방송, OBS 등은 20명 내외예요. KBS는 지역 방송국 아나운서까지 포함하면 200명이거든요.

편 지역 방송국도 있죠?

윤 8개 지역에 방송국이 있어요. 지역 뉴스도 해야 하고 그 외의 지역 프로그램도 제작해요. 규정상 서울 프로그램이 70% 나가고, 30%는 지역 방송국에서 책임져요. 지역 방송국

도 PD, 기자, 엔지니어, 아나운서 등 모든 제작역량을 갖추고
있어요.

MC와 앵커의 차이가 뭔가요

편 MC와 앵커의 차이가 뭔가요?

윤 앵커는 뉴스 진행자를 말해요. 앵커anchor라는 말은 배 닻을 의미해요. 배가 움직이지 않게 딱 잡아주는 역할을 하는 장치죠. 뉴스가 초점에서 벗어나지 않도록 그리고 여러 가지 시각에 흔들리지 않게 중심을 잡는 진행자를 앵커라고 불러요. 라디오 뉴스 진행자도 앵커예요.

편 선생님께서도 지금 뉴스를 하시죠?

윤 저는 지난 20년 동안 뉴스를 안 했어요. 입사 초기에 3년 정도 하다가 교양 쪽으로 풀렸죠. 그러다가 20년 만에 〈글로벌 24〉라는 뉴스를 하게 됐어요. 거기에 가면 모든 스텝이 저를 앵커님이라고 부르잖아요. 20년 만에 듣는 그 말이 처음에는 너무 어색했어요.

편 라디오 뉴스는 안 하셨어요?

윤 라디오 뉴스는 모든 아나운서가 해요. 아나운서는 출근하면 제일 먼저 자신의 이니셜이 몇 시 뉴스에 표시되어 있는지

뉴스 진행

확인해요.

  예를 들어 〈사랑의 가족〉 녹화가 9시부터 12시까지 있어요. 그러면 뉴스 배당하는 사람이 12시부터 6시 사이에 저를 라디오 뉴스에 배정해요. 이렇게 모든 아나운서는 자기 프로그램과 상관없이 라디오 뉴스를 해야 해요. 아나운서가 주말 근무를 하는 이유도 뉴스 때문이죠. 주말에도 4개 정도 해야 돼요.

시니어 토크쇼 〈황금연못〉

스포츠 캐스터, 기상 캐스터도 아나운서예요

편 스포츠 캐스터, 기상 캐스터도 아나운서들이 하나요?

윤 스포츠 캐스터는 아나운서가 하고 기상 캐스터는 계약직으로 따로 뽑아요.

편 스포츠 캐스터는 특정 아나운서가 담당하나요? 남학생들이 관심 있을 것 같아요.

윤 스포츠 중계만 담당하는 남자 아나운서들이 따로 있어요. 물론 앵커나 MC도 할 수 있지만 스포츠 캐스터는 워낙 출장이 많아요. 지방 경기, 해외 월드컵, 올림픽 등을 생각해 보세요. 그러다 보니까 아무래도 특화되어 있어요.

편 남자 아나운서가 "제가 하고 싶어요!"라고 지원하면 할 수 있는 건가요?

윤 하고 싶다고 얘기를 한 순간부터 그쪽의 전문가가 되어야 해요. 축구 중계를 하고 싶다면 축구 전문가가 될 때까지 노력해야죠. 중요하지 않은 경기부터 담당하는데 거기에서 인정을 받아야 큰 경기로 나가요.

"이번 월드컵 중계에 5명을 보낼 건데, 널 5번으로 보내 줄게."

이런 식으로요. 많은 시간과 어마어마한 노력이 필요해요. 선수들, 규칙, 각국의 감독 및 코치진에 대한 정보 등 준비해야 할 게 많아요. 그래서 축구 캐스터, 야구 캐스터, 농구 캐스터 등으로 나누어져 있어요.

편 스포츠 캐스터는 어떤 역할을 하죠?

윤 중계할 때 두 명이 함께 하는데 한 명은 캐스터, 한 명은 전문가예요. 사실 전문가들은 기술적인 설명밖에 못 해요. 캐스터는 진행하는 사람이고요.

"아, 지금 저 선수 뛰고 있네요. 저 선수가 한 기술은 뭔가요?"

"저건 왜 반칙인가요?"

"김연아 선수의 저 기술은 무슨 기술인가요?"

"점수가 몇 점 감점되죠?"

이렇게 끊임없이 시청자 입장에서 질문을 던져요.

올림픽은 워낙 경기가 많으니까 특화된 분야와 함께 비인기 종목의 몇 가지 경기를 더 맡아요. 올림픽 가는 명단이 10

명으로 정해지면 각자 경기를 나누고, 몇 달 동안 공부해요. 전문가와 매일 만나서 트레이닝도 하고요. 스포츠 캐스터를 담당하는 아나운서가 다른 방송을 활발하게 하는 건 쉽지 않아요.

편. 남학생들은 선수만큼이나 스포츠 캐스터를 잘 알더라고요.

윤. 요즘은 시청자들도 다 전문가예요.

'어? 저 사람 좀 아네?', '저 스포츠 캐스터, 준비가 잘 되어 있네.', '해외 경기도 찾아보고 준비 많이 했네.'라고 입소문이 나면 마니아도 생겨요. 특히 남학생들은 스포츠를 좋아하니까 캐스터에 따라 경기를 시청하는 경우도 많더라고요.

편. 스포츠 캐스터를 하고 싶은 남학생들은 아나운서가 되어야겠네요.

윤. 스포츠 캐스터가 되려고 아나운서가 된 사람이 배성재, 김성주 씨예요. 이 두 사람은 원래 케이블 캐스터 출신이죠. 사실 제일 방송하기 힘든 게 캐스터예요. 쉬지 않고 얘기해야 하거든요. 만약 축구 경기를 2시간 동안 하는데 몇 초 동안 아무 말이 안 나오면 그건 방송 사고예요. 차별화된 정보와 지식으로 끊임없이 말해야 하니까 스포츠 캐스터를 하다가 다른 방송을 하면 쉽대요. 그리고 스포츠 경기 전문가보다도 더 전문지식을 갖춰야 해요. 그래야 질문을 던질 수 있거든요. 또 옆에 앉은 전문가가 방송에 약간 미숙해서 실수했을 때 커버해줄 수도 있고요.

아나운서 직업의 좋은 점은 무엇인가요

편 아나운서 직업의 좋은 점은 무엇인가요?

윤 많은 분야의 지식인을 만나서 대화할 수 있다는 거요. 이 직업이 아니라면 내가 어떻게 이런 사람이랑 작은 스튜디오 안에서 한 시간 동안 이야기할 수 있겠어요.

제가 〈명사들의 책 읽기〉라는 라디오 프로그램을 하는데, 평소에 좋아했던 작가를 만나서 한 시간 동안 대화를 나누면 너무 행복해요. 뉴스 앵커를 하면서 유명한 해외 인사를 만나는 것도 흥분되는 일이죠. 다양한 사람들을 만나서 전문 지식을 접하는 게 굉장히 매력적이에요.

이 일의 힘든 점은 무엇인가요

☑ 이 일의 힘든 점은 무엇인가요?

☑ 모든 분야의 준전문가가 될 정도로 공부하고 노력해야 하는 거요. 바보처럼 앉아서 인터뷰할 순 없어요. 전문가와 그의 분야에 대해 미리 공부해서 준비해야죠. 그래야 대화가 되잖아요. 많은 정보와 지식을 공부하고 준비해야 하는 게 매력이면서도 부담이 될 수 있어요.

중요한 방송이 잡힌 날에는 두 가지 생각을 해요.

'정말 기대된다. 아나운서 직업을 갖고 있어서 이런 기회가 주어지는 거야. 행복해.'

'내가 그 사람의 마음을 열 수 있을까? 출연자가 까칠하면 어쩌지? 내 준비가 미흡한 건 아닐까?'

☑ 출연자의 마음을 연다는 게 정말 어려울 것 같아요. 전문가나 연예인이 많잖아요.

☑ 사람의 마음을 연다는 게 힘든 일이잖아요. 더구나 처음 만난 사람과 방송에서 마음을 열고 대화하는 게 절대 쉽지 않아요. 그래서 유명한 가수가 출연자로 나오면 새로운 질문을

하기 위해 큰 노력을 해요. 뻔한 질문보다는 우리 프로그램에서 처음 털어놓는 새로운 이야기가 나올 수 있도록 노력하죠. 그래야 제 프로그램이 의미가 있다고 생각해요.

예를 들어

"요즘 새로운 노래가 뭐예요?"

"공연 소식 들려주세요." 이렇게 질문하면 그 사람 표정도 '똑같은 질문이구나. 오늘도 한 시간 보내고 가야지.'

유명한 만큼 같은 질문을 얼마나 많이 받았겠어요.

저는 그 가수에 대해서 열심히 공부해요.

'어라? 인디 밴드 공연도 좋아하고 자신이 밴드를 한 적도 있었네?'

그리고 방송에서 질문하죠.

"영국에서 몇 달 동안 인디밴드 공연을 같이했던데요?"

그러면 가수가 놀라요.

"어떻게 아셨어요?"

"제가 관심이 있어서 조사를 해봤죠. 항상 큰 무대에 서서 팬들의 함성을 받다가 외국인 몇 명 앞에서 노래하는 게 외롭지는 않았어요?"

"많이 외로웠어요. 너무 힘들었고요. 영국의 시골 마을이었는데, 외국인 몇 명밖에 없었어요. 한국 노래를 듣고 그 사람들이 감동할 수 있을까 걱정했는데, 나중에 그분들이 기립 박수를 쳐 줄 때 어떤 큰 무대보다 감동을 했어요. 눈물까지 나왔죠."

이렇게 마음을 열어요. 무장해제가 되는 거죠. 우리 방송에서 새로운 이야기가 나오면 PD도 너무 좋아해요.

또 학생들이 선망하는 유명한 교수님이 방송에 나온 적이 있어요. 이미 유명한 사람인데 같은 질문을 계속해봤자 듣는 사람들은 책 팔러 나왔다고 생각할 거 아니에요?

"교수님은 어떤 아버지세요?"라고 질문하죠.

"사실 저는 좋은 아버지가 아니에요. 워낙 바빠서요. 아들은 저를 피하는 것 같아요."

이렇게 인간적인 모습을 보여주면

'아! 저렇게 유명한 사람들도 나랑 똑같은 고민을 하는구나.'하고 사람들이 공감하죠.

편 저는 대본대로 읽는 줄 알았어요.

윤 대본이 있지만 대본만으로는 안돼요. 물론 어느 정도는 대본에 의지하지만, 출연자와 진행자의 교감, 대답에 따른 새

로운 질문 등은 아무리 유능한 작가라도 대본에 넣어줄 수가
없어요.

편 아나운서는 중간 전달자가 아니네요.

윤 예전에 저는 '지식을 잘 전달하자', '이 사람의 콘텐츠를
잘 알려줘야지'라는 생각을 했었어요. 최근에는 출연자 위주의
생각에서 벗어나 듣는 사람의 처지를 생각해요.
'사람들은 살아가면서 어떤 도움이 필요할까?' 그 역할을 하고
싶어요.

편 완전히 달라졌네요.

윤 네. 제가 두 아이의 엄마여서 그런 것 같아요. 저의 애들
도 방송에서 걸 그룹 이야기를 듣고 제게 이야기해요.
"엄마, 내가 좋아하는 가수가 이렇게 힘든 시기를 보냈대. 난
그 사람이 너무 부럽기만 했는데 많은 역경이 있었고, 지금도
외로울 때가 있대."
사람들은 이렇게 위로받는 것 같아요. 출연자들의 깊은 속마
음을 끌어내려면 진행자인 내가 사랑에 빠져야 해요. 어마어
마한 관심과 사랑을 기울여야만 듣는 사람을 변화시킬 수 있

는 좋은 영향력의 방송을 할 수 있어요.

편 입사 초기와 지금은 많은 차이가 있겠어요.

윤 입사 초기에는 긴장하고 힘들고 무언가 전달하는 것도 만만치 않았어요. 그러다가 일이 편해지면서 타성에 빠지는 시기가 오죠. 이제는 그 시기를 넘어 나만 할 수 있는 +α를 찾고 있어요.

편 힘드시겠지만, 시청자 입장에서는 너무 기대되는 일입니다.

전현무 아나운서가 KBS 출신이죠

편 아나테이너(아나운서+엔터테이너)가 많은 관심을 받고 있어요. 전현무 아나운서가 KBS 출신이죠?

윤 전현무 아나운서가 입사했을 때 다 당황했어요. 정말 처음 보는 캐릭터였어요. 100년 만에 한 명 나올까 말까 한 특이한 캐릭터였죠. 아나운서 선배들 입장에서는 '왜 저렇게 튀어 보이지?'라며 걱정했는데, 어떻게 보면 시대를 정확하게 간파한 것 같아요.

지금 이 시대는 어떻게든 자기 자신을 각인시켜야 하고, 한 번 각인시킨 콘텐츠를 갖고 평생 먹고 살 수 있죠. 전현무 씨는 특이한 아나운서에 머물지 않고 지금은 하나의 콘텐츠가 돼버렸잖아요. 거의 모든 사람이 인정하는 최고가 된 거죠. 요즘 전현무 씨가 나오는 방송을 보면 KBS 아나운서 시절보다 오히려 많이 겸손해지고 많이 정제되었다는 걸 느껴요. 정말 똑똑한 거죠. 실제로 방송도 정말 잘하지만, 이 시대에 최적화된 사람이라는 생각이 들어요.

편 아나운서가 된 사람들이 대부분 끼가 많지 않나요?

윤 그럼요. 방송 능력은 다 갖추고 있죠. 아나운서가 되는 과정이 너무 힘들기 때문에 재능 있는 사람들만 들어와요. 그런데 그걸 제대로 키워냈느냐, 아니면 중간에 꺾여서 잘 안 됐느냐의 차이인 거죠. 사람들은 아나테이너가 되고 싶은 게 아니라 각인이 되고 싶은 거예요. 아나운서는 주목받고 싶은 사람들이잖아요. 그런데 주목을 받지 못하면 존재 이유가 없다고 생각하죠.

저는 아나테이너의 유행이 아나운서의 위상을 많이 떨어트렸다고 생각해요. 예전에는 아나운서만 할 수 있는 영역이 있었고, 아나운서만의 이미지가 있었거든요. 이제는 아니에요.

그래서 저는 아나테이너라는 말을 싫어해요. 물론 아나운서 중에 뛰어난 아나테이너가 나올 수 있어요. 그런데 아나테이너가 아나운서 전체의 색깔로 규정되는 건 절대 안 된다고 생각해요. 아나테이너를 동경해서 아나운서를 지망하거나, 아나운서가 아나테이너만을 목표로 하는 건 위험하다고 생각합니다.

편 많은 아나운서가 아나테이너를 꿈꾸나요?

윤 10명이 입사하면 예전에는 7~8명이 '빨리 떠서 나가야지'라고 생각하더라고요. 지금은 반 정도 되는 것 같아요.

아나운서가 프리랜서를 선언하는 이유가 있나요

편 방송사 소속 아나운서가 프리랜서를 선언하는 이유가 있나요?

윤 자신의 끼를 더 넓은 곳에서 펼쳐보고 싶은 마음과 경제적인 여유에 대한 욕망이 맞아떨어졌을 때 프리랜서를 선언하는 것 같아요.

각 방송사의 아나운서들은 타 방송사의 프로그램이나 외부 행사 등의 진행에 대해 엄격한 규제를 받아요. 더 많은 방송사와 다양한 분야에서 활동을 할 수 있는 능력을 갖춘 아나운서들은 엔터테인먼트 회사의 유혹이 많은 편이죠. 방송사를 퇴사한 후에도 활동 무대와 보수가 보장되어 있다면 방송사 월급과는 비교도 안 되게 큰 수입을 얻을 수 있어요. 이건 가장 좋은 시나리오고요. 사실 방송사를 퇴사하고 프리랜서로 활동한다는 건 안정된 직장과 월급을 내려놓고 정글로 뛰어드는 것과 같아요. 외부에는 수많은 프로그램과 행사들이 있지만 그걸 진행할 수 있는 뛰어난 능력의 사람들도 헤아릴 수 없이 많아요. 본인만의 확실한 콘텐츠, 개성, 차별한 능력을 구축하기 전에 프리랜서를 선언하게 되면 돌이킬 수 없는 후회를 하는 경우도 많아요.

　그래서 저는 프리랜서를 고민하는 후배들에게 "외부 경쟁자들과 비교했을 때 너 아니면 안 되는 너만의 특장점이 있는지 냉정하게 생각해보고 판단해야 해."라고 충고합니다.

교양 프로그램 〈여유만만〉 진행 당시

전문가들을 인터뷰하는 노하우가 있나요

편 전문가들을 인터뷰하는 노하우가 있나요?

윤 전문가들은 콘텐츠를 갖고 있잖아요. 제가 그 지식을 따라갈 수는 없어요. 저는 특화된 질문을 준비해요. 예를 들면 교육부 장관이랑 인터뷰하잖아요. "장관님, 계획이 어떻게 됩니까?"

"올해 우리나라 교육은 어떤 방향으로 나갈 건가요?" 대본에는 이런 질문들이 있어요. 그런데 저는 두 아이를 키우는 처지에서 '두 아이를 키우는 내가 가려운 게 뭐지? 청취자로서 궁금한 건 뭘까?'라고 고민해요.

그래서 이런 질문을 해요.

"자유학기제 말인데요, 언제까지 할 것 같아요? 효과 있을 것 같아요?"

제게 주어진 짧은 시간에 시청자들의 가려운 부분을 긁어주기 위해 많이 노력해요.

전문가와 시청자 모두에게 공감해야겠어요

편 전문가와 인터뷰하면서 공감해야 하고 시청자들의 입장에서 고민해야 하고… 양쪽 모두에게 공감해야 가능한 일이네요.

윤 맞아요. 저는 사람들에게 공감 능력 떨어지는 사람은 절대 아나운서 하지 말라고 이야기해요. 자기만의 세계가 강한 사람들은 어쩔 수 없이 공감 능력이 떨어져요. 그건 잘못이 아니에요. 다들 타고난 게 다른 거죠. 그런 사람들은 어떤 특정 분야에서 엄청나게 큰 능력을 발휘할 수도 있고요. 아나운서라는 직업은 모든 사람을 두루두루 안고 가야 하는 일이라 공감 능력이 떨어지면 절대로 할 수 없어요. 학생들에게 공감하지 못하는데 교육 프로그램을 할 수 있을까요?

편 선생님께서는 장애인 프로그램을 10년 동안 진행하고 계시죠?

윤 네. 저도 장애인과 공감하기까지 오랜 시간이 걸렸어요. 동료 아나운서랑 했는데, 중간에 진행자가 강원래 씨로 교체됐죠. 당시에는 강원래 씨가 사고 난 지 얼마 안 됐을 때라서 자기 장애를 못 받아들이고 있는 상태였어요. 마음이 얼마나 힘들었겠어요. 저도 이 상황을 어떻게 해야 할지 고민하고 있었는데 한 가지 기억이 떠올랐어요.

예전에 클론이 워커힐에서 심야 콘서트를 했어요. 제 남동생이 여자친구랑 못 가게 돼서 제가 함께 갔었죠. 콘서트장에 앉아 있는데 강원래 씨, 구준엽 씨가 막 날아다니더라고요. 춤에 대한 두 사람의 열정이 콘서트장 전체를 꽉 채우는 게 느껴졌어요. 몇 년 후에 강원래 씨의 사고 소식을 들었을 때 그 콘서트를 봤던 제게도 충격이었죠.

장애인 프로그램을 녹화하기 전에 제가

"클론이 워커힐 콘서트 했었잖아요? 제가 거기에 있었어요."라고 말을 걸었어요. 강원래 씨가 놀라더라고요. 아나운서가 그 자리에 있었다는 게 황당하잖아요.

"진짜 거기에 왔었어요? 자정에 한 콘서트였는데요?"

"갔었어요. 그때 춤추던 모습을 잊을 수 없어요. 너무 멋있었거든요. 그래서 사고 소식을 들었을 때 아주 속상했어요."

그렇게 강원래 씨와 마음의 문을 조금씩 조금씩 열어갔어요. 둘이 함께 5년 동안 진행을 했어요. 아주 친해져서 지금도 만나요. 가족끼리 식사 자리도 갖고요. 아무리 마음이 닫힌 사람도 마음이 열리면 못할게 없다고 생각해요. 강원래 씨와 인간적으로 교감하게 되면서 장애인들의 마음에 공감할 수 있는 저 자신이 되었죠.

어떤 프로그램이든지 출연자들과 마음을 열고 소통하는 게 제일 중요해요. 아나운서에게 가장 중요한 건 공감 능력이라고 생각해요. 거의 전부가 아닐까요?

편 사람들이 마주 앉아 이야기하는 것보다 컴퓨터나 모바일을 들여다보는 시간이 절대적으로 많아진 게 현실이에요. 그런데 어느 순간 '나도 행복해지고 싶어'라고 느낀다면 나와 공감하고 소통할 수 있는 누군가를 찾아야 해요. 타인과 마음을 연 공감과 소통이 없다면 사람은 '인간 人間'이 아니라 외딴 섬에 불과할지 몰라요. 아나운서 직업을 꿈꾸는 청소년 여러분, 그리고 이 책을 읽는 어른들 모두 타인과 자신의 감정을 소중히 여기면서 교류하는 공감과 소통의 사람이 되면 좋겠습니다.

라디오와 TV 진행 중 어떤 게 더 재미있나요

편 라디오 프로그램을 오랫동안 진행하셨잖아요. TV와 비교했을 때 어떤 게 더 재미있나요?

윤 사람 성향에 따라 달라요. 저는 라디오가 맞는 것 같아요. 프로그램 시간이 좀 더 여유롭고, 라디오 부스가 주는 아늑함과 매력도 너무 좋아요. 라디오를 듣는 사람들은 DJ하고 단둘이 있다는 느낌을 받을 때가 많잖아요. DJ도 마찬가지예요. 마음이 더 말랑말랑해져요. TV는 워낙 스텝들이 많고 조명과 무대, 카메라가 갖춰진 곳에서 녹화하다 보니까 내 색깔을 보여줄 기회가 거의 없어요. 라디오는 제 생각이나 느낌을 편안하게 이야기할 수 있어서 좋아요. 진행자의 따뜻한 마음을 전할 수 있는 게 라디오 프로그램이라고 생각해요.

아나운서 직업은 미래에 어떻게 변할까요

편 아나운서 직업은 미래에 어떻게 변할까요?

윤 앞으로 많이 바뀔 것 같아요. 뉴스면 뉴스, 요리면 요리, 여행이면 여행 이런 식으로 나뉘지 않을까요? 이제는 시청자 대부분이 준전문가예요. 여행을 많이 하는 사람은 여행 전문가보다 많이 알고 있잖아요. 모든 정보를 인터넷으로 다 공유할 수 있으니까 전문가들의 영역이 따로 존재하는 것도 아니고요. 결국 사람들의 욕구를 충족시키려면 진행하는 사람은 더 전문가가 되어야겠죠. 이제 프로그램 진행자는 두루두루 얕게 알아서는 경쟁이 안 될 것 같아요. 아나운서도 자신만의 영역을 개척해서 특화해야죠. 세분화하는 것도 한 가지 방법이라고 생각해요. 그래야 이 직업에 미래가 있지 않을까요? 각자의 몫인 것 같아요.

한국어 수요가 많은데 해외 진출도 하나요

편 한국어 수요가 많은데 해외 진출도 하나요?

윤 문체부 산하에 세종학당이라는 곳이 전 세계 수십 개국에 있어요. 세계적인 한류 현상의 영향으로 한국어를 배우고자 하는 사람들이 갈수록 증가하고 있어서 한국어 전문가로서 해외에 진출할 수 있는 길은 많이 있습니다. 미래에도 무궁무진하게 열려 있고요. 하지만 현재 진행하고 있는 방송을 내려놔야 가능한 일인 만큼 전문가다운 실력과 마음의 준비가 필요하겠죠?

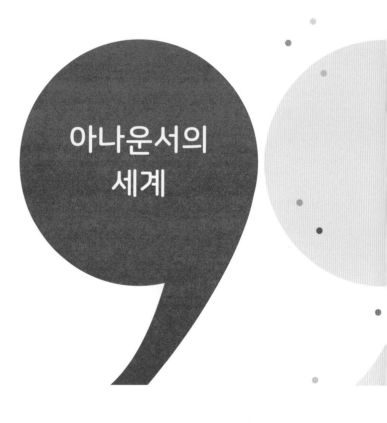

ANNOUNCER

아나운서의 세계

방송 준비는 어떻게 하나요

편 아나운서는 방송 준비를 어떻게 하는지 궁금합니다.

윤 프로그램 종류에 따라 다른데요, 지금 제가 하는 일을 예로 말씀드릴게요.

KBS 〈글로벌 24〉는 30분짜리 생방송 뉴스예요. 딱딱한 느낌이 아니라 소프트한 뉴스에 속하죠. 저 혼자 진행하기 때문에 오프닝opening, 클로징closing을 모두 제가 써야 해요.

세계 뉴스 중에서 감동적이거나 특이하고 웃긴 내용 등을 뽑아서 멘트를 작성하고 그걸 PD에게 넘겨요. 그럼 PD는 그걸로 제 뒤의 화면을 만들죠. 멘트하는 동안 배경으로 나와야 하니까요.

멘트를 작성한 다음에는 분장해야죠. 머리하고 화장해요. 보통 8시 30분 생방송 뉴스를 위해 5시 30분쯤부터 준비해요. 준비가 3시간 정도 걸리는 거죠. 사실 이것도 엄청나게 빨리 준비하는 거예요.

방송 20분 전에 10분 정도 리허설을 해요. 생방송이고 카메라 움직임이 워낙 많으니까요. 오프닝을 여기에서 시작하고, 이리로 걸어갔다가 저기로 갔다가 혼자 앉았다가 일어나는 등 4번 정도 움직여요.

라디오 DJ는 원고를 미리 숙지하고, 방송에 나올 출연자에 대해서 미리 공부해요.

교양 프로그램은 되게 많은 사람이 나오거든요. 전문가도 한 명이 아니라 여러 명이 나오고요. 원고 숙지는 기본이고, 방송 당일에는 출연자들의 마음을 편하게 풀어주는 역할도 아나운서가 해야 돼요. 주인공은 진행자가 아니라 출연자예요. 그런데 출연자가 얼어있다면 그건 방송사고예요. 방청객들도 마찬가지고요. 녹화 1시간 전 정도에 스탠바이^{stand by}를 다 하거든요. 그때 방청객들과 농담을 주고받으면서 마음을 풀어줘요.

편 FD^{floor director}가 있지 않아요?

윤 FD가 있긴 하지만 진행자처럼 능수능란하게 하긴 어려워요. FD는 기술자에 가까운 것 같아요. 오히려 진행자가 방청객들의 리액션^{reaction}도 확인해보고, 분위기를 고조시키는 게 더 좋은 것 같아요. 방송과 상관없는 일상적인 이야기와 농담을 주고받으며 서로의 마음을 풀어놓는 거죠. 이것도 방송 준비 과정의 하나예요.

편 메이크업^{make-up}하고 의상 담당은 따로 있나요?

윤 따로 있어요. 코디는 본인이 정하는 거고요. 방송국에는 코디가 많아요. 10여 팀이 있는데. 처음에는 이 사람 저 사람 에게 받다가 잘 맞는 사람이 생기면 지정할 수 있어요.

기억나는 방송 사고가 있나요

편 기억나는 방송 사고가 있나요?

윤 아나운서라면 한 번씩은 방송 사고의 경험이 있어요. 아나운서는 입사하면 1년 정도 지역 방송국에서 근무해야 되거든요. 저는 대전으로 갔는데, 지역 방송국은 사람이 별로 없어서 주말에는 저 혼자 근무한 적이 많았어요. 서울은 규모가 크니까 주말 근무도 4~5명 이상이 해요.

대전에서 근무할 때 라디오 뉴스를 앞두고 아나운서실에 앉아 있다가 낮잠을 잔 거예요. 꾸벅꾸벅 졸았어요. 그런데 전화가 오더라고요. 12시 정각에 뉴스를 해야 하는데 그때가 11시 59분이었죠. 그런데 뛰어갈 수가 없어요. 목소리가 헐떡거리면 안 되니까요. 걸어서 갔더니 12시 2분이더라고요. 비상 음악이 나가고 엔지니어가 제게 3분이라도 읽을 거냐고 물어서 그런다고 했어요. 어차피 처벌은 피할 수 없는 상황이었고요. 총 책임자셨던 당시 국장님이 서울에서 혼자 내려와 있는 저를 딸처럼 예뻐하셨는데 엄청 화가 나신 거죠. 제가 하는 모든 방송을 다 빼라고 하셨어요. 라디오 뉴스, 라디오 프로그램, TV 프로그램, 주말 아침 마당, 지역 아침마당을 싹 뺐어요. 한 달 동안 아무것도 못 하고 아나운서실에 앉아서 반성문 쓰고, 일지를 작성했어요. 그때는 힘들었는데 지금 생각하면 너무 재미있는 추억이에요.

라디오 DJ로서 가장 뿌듯할 때는 언제인가요

편 〈명사들의 책 읽기〉라는 프로그램을 진행하고 계시잖아요. 라디오 DJ로서 가장 뿌듯할 때는 언제인가요?

윤 기억에 남는 저자가 있어요. 『라틴어 수업』이라는 책을 쓰신 신부님이죠. 바티칸 최초의 한국인 변호사예요. 바티칸에 가서 박사학위를 받았죠. 이 분이 『라틴어 수업』이라는 책을 내자마자 제가 진행했던 교육 프로그램에 출연하셨어요. 그

Job
Propose 18

때는 그렇게 유명하지 않으셨어요. 이 분의 마음을 편하게 해드리고 싶어서 엄청 노력했어요. 방송 끝나고 신부님께서 방송을 처음 했는데 편안하게 해줘서 고맙다고 인사를 건네셨어요. 그 뒤에도 좋은 책을 가끔 제게 보내주셨죠. 그런데 몇 년후에 『라틴어 수업』이 엄청난 베스트셀러가 됐어요. 신부님도 너무 유명해지셨고요. 이분께서 어느 순간 방송을 안 하기로 정하셨대요. 그리고 두 번째 책을 냈는데 모든 방송에서 모시고 싶어서 난리가 났어요. 모두 거절하셨죠. 그런데 저희 라디오 작가가 신부님을 섭외한 거예요. 사실 저는 섭외하는 것도 몰랐거든요. 나중에 알았는데 신부님께서 제가 진행하는 프로그램이어서 출연하신 거였어요. 윤지영 아나운서가 부르는 방송에는 출연해 주시겠다고 하셨대요. 정말 감사했어요.

나중에 신부님께서 이런 말씀을 하셨어요.

"윤지영 아나운서가 사람들에게 따뜻한 마음을 전할 수 있기를 기도했어요."

두 번 만났지만 오래된 친구처럼 편한 느낌이었어요. 함께 보낸 시간이 짧아도 서로 깊이 통할 수 있다는 걸 배웠죠.

아나운서들의 독특한 삶의 방식이 있나요

편 아나운서들의 독특한 삶의 방식이 있나요?

윤 사람을 계속 관찰해요. 질문하고요.

미혼일 때 소개팅을 나가면 상대방은 내가 자기를 좋아하는 줄 알아요. 상대방을 관찰하고 계속 질문하는 게 직업병이거든요. 서로 침묵하는 잠깐의 시간도 잘 못 참아요. 상대방은 자신이 좋아서 그러는 줄 알고 오해를 할 수밖에 없어요.

모임에서도 마찬가지예요. 조용한 분위기를 못 참아서 서로 계속 질문을 던지고 진행을 하죠. 우리들은 진행 병이라고 표현해요. 틀린 말이나 표현이 있으면 바로 잡아야 직성이 풀리고요.

편 아나운서 모임에 가면 왁자지껄하겠어요.

윤 엄청 시끄러워요. 상대방의 말이 언제 끝나나만 기다리고 있죠. (웃음) 우리 사이에서 너무 조용한 사람이 있으면 신기해요. '어떻게 아나운서가 됐지?'라고 생각했는데 알고 보니 자기네 학교 전체에서 말이 제일 많은 사람이었데요. 그 정도로 말하기를 좋아하고, 말을 잘하는 사람들이 모여 있는 곳이에요.

여유 시간에는 뭐 하세요

편 여유 시간에는 뭐 하세요?

윤 직업병인 것 같은데 아무것도 안 하고 있으면 죄의식이 느껴져요. 반드시 뭐든 해야 한다는 강박관념이 있죠. 아나운서들은 그래서 항상 무언가를 배우고 있어요. 악기, 운동, 외국어, 여행 등. 24시간을 꽉꽉 채워서 살아야 마음이 편해요.

요즘에 제가 노력하는 건 '가끔 멍 때리자'예요. 멍 때리는 시간이 창의력을 만든대요. 멍 때리기 대회도 하잖아요. 저희 큰딸이 미술을 좋아하고 재능도 있어요. 그런데 얘가 자꾸 멍 때려서 저는 그게 싫었어요. '왜 나랑 안 닮았을까?'라고 고민했고요. 이름이 이유나인데, 별명이 멍유나래요. 그런데 전문가가 알려주더라고요. 멍하니 있는 시간이 창의적인 예술성을 만든대요. 그래서 딸을 이해하게 됐고, 저도 가끔 그런 시간을 가지려고 노력해요.

발성, 호흡 등의 훈련은 어떻게 하나요

편 발성, 호흡 등의 훈련은 어떻게 하나요

윤 아나운서가 되고 나면 1년 동안 강도 높은 훈련을 받아요. 모든 걸 계속 낭독하죠. 우리가 살면서 무언가를 낭독할 일이 많지 않은데 처음 1년은 계속 낭독을 해요. 저는 지금도 아이들에게 낭독을 많이 시켜요.

아나운서가 하는 일 자체가 계속 낭독하는 거잖아요. 물론 글의 종류에 따라 분위기가 달라야 하고요. 그래서 많은 글을 다양한 방법으로 읽는 연습을 수시로 해요. 내 목소리의 높낮이와 속도를 모니터하고 조절하면서 자유자재로 쓰기 위해 노력해요.

말을 잘하는 훈련이 따로 있나요

편 말을 잘하는 훈련이 따로 있나요? 아니면 원래 잘하는 사람들이 모인 곳인가요?

윤 재능도 있지만, 평소에도 늘 훈련해요. 여러 명이 있을 때 나서서 말하는 것 자체가 용기잖아요. 방송에서는 당연하지만, 사석에서도 말을 주도하는 식으로 말하기를 훈련하죠. 자신이 가진 생각을 상대방을 배려하며 표현하는 건 연습 없이 불가능하다고 생각해요. 상대방의 마음을 읽으면서 정제된 언어와 행동으로 내 생각을 표현하려고 노력해요. 이 노력 자체가 훈련이고요. 모든 아나운서가 매 순간 이 노력을 하고 있죠.

목소리는 잘 안 늙는 것 같아요

편 아나운서와 성우들의 목소리를 들어보면 나이가 예측이 안 될 정도로 잘 안 늙는 것 같아요. 목소리가 원래 잘 안 변하나요?

윤 목소리가 제일 늦게 변한대요. 사실 외모는 나이에 맞게 변하잖아요. 제일 천천히 변하는 게 목소리라고 하더라고요.

더군다나 아나운서는 목소리를 계속 훈련하잖아요. 나이가 들수록 가다듬어지면서 더 고운 소리로 변해요.

목은 어떻게 관리하나요

편 목은 어떻게 관리하나요?

윤 저는 목이 약한 편이거든요. 항상 좋은 컨디션을 유지하려고 노력하는 수밖에 없어요. 몸이 안 좋으면 제일 먼저 변하는 게 목소리거든요. 먹는 것부터 항상 신경 써요. 나한테 제일 잘 맞는 음식을 찾아서 먹죠. 내 몸이 건강해야 방송을 잘할 수 있다는 걸 많이 느껴요. 다른 아나운서들이 진행하는 라디오를 들으면 목소리 하나로 그 사람의 컨디션을 알 수 있어요. 목소리를 관리하는 특별한 방법이 있는 게 아니라 몸 건강 전체를 잘 관리하는 게 목소리를 위한 가장 좋은 방법이라고 생각해요.

가장 기억에 남는 프로그램이 뭐예요

편 가장 기억에 남는 프로그램이 뭐예요?

윤 〈가족 오락관〉이 기억에 남아요. 허참 선생님께서 저를 딸처럼 잘 대해 주셨어요. 당시에 첫 아이를 임신하고 있었는데 항의 전화도 왔었어요. 왜 임산부를 진행자로 쓰냐는 거죠. 그런데 당시에 함께 했던 분들은 아직 애를 낳은 것도 아니고 진행자 본인이 할 수 있다고 하는데 뭐가 문제냐며 프로그램을 잘 마무리할 수 있게 도와주셨어요. 지금 생각해도 감사한 일이에요.

제가 〈사랑의 가족〉이라는 장애인 프로그램을 10년 정도 했어요. 중간에 4년 정도 다른 프로를 하다가 3년 전부터 다시 맡게 되었죠.

예전의 막내 작가가 메인 작가가 되어 있고 FD가 PD가 되어 있더라고요. 〈사랑의 가족〉은 특화된 프로그램이라 했던 사람들이 계속해야 돼요.

예전에는 장애인에게 제가 어떤 도움을 줘야 한다고 생각했어요. 그들은 내 도움을 받는 사람이라고 착각했어요. 그런데 이제는 아니에요. 제가 오히려 도움을 받아요. 그분들의 치열한 삶을 보면서 저 자신을 돌아보고 주위의 모든 것들에 감사한 마음을 갖게 되었죠. 우리 삶의 결과가 타인에게 칭송받지 못하더라도 최선을 다하는 한순간 한순간이 그 무엇과도 바꿀 수 없이 소중한 거라는 걸 배우고 있어요.

이 프로그램이 제 삶의 활력소예요. 너무 좋아해요. 정말 많은 사람이 이 프로그램을 보면서 자기 삶의 소중함에 눈 뜨면 좋겠다는 생각을 해요.

10년째 진행하는 〈사랑의 가족〉

아나운서 직업을 소재로 한 작품이 있나요

편 아나운서 직업을 소재로 한 작품이 있나요?

윤 조정석, 공효진의 〈질투의 화신〉이라는 드라마가 있어요. 여자 주인공이 기상 캐스터에서 아나운서가 되는 내용인데, 30%는 아나운서 세계를 담고 있는 것 같아요. 물론 70%는 비현실적이고요. 나중에 물어보니까 KBS 아나운서 후배가 감수했더라고요.

ANNOUNCER

아나운서가
되는 방법

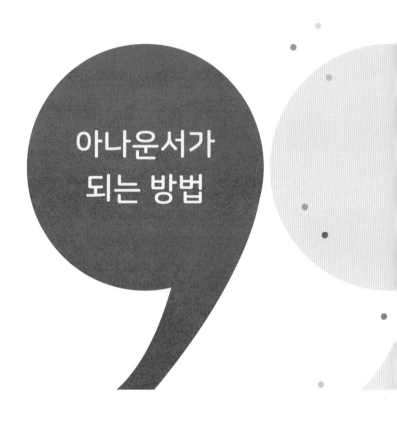

방송사 아나운서가 되는 방법을 알려 주세요

편 방송사 아나운서가 되는 방법을 알려 주세요.

윤 정규직 아나운서는 모두 공채시험을 봐야 해요. 1차로 카메라 테스트를 거쳐요. 몇천 명이 응시를 해도 1차 카메라 테스트에서 70% 이상을 떨어뜨려요. 1차를 통과한 사람이 필기시험을 보고요. 그리고 2차 카메라 테스트를 해요. 1차 때는 카메라 앞에서 몇 문장을 낭독하는 수준이라면 2차 테스트는 순발력이나 집중력을 관찰하죠.

제가 공채시험을 볼 때는 김병찬, 손범수, 정은아 선배님이 제일 인기가 많았어요. 시험 문제가 그중 한 명을 이용해서 프로그램을 재미있게 진행하는 거였죠. 저는 정은아 선배님과 함께하겠다고 했어요. 제가 〈전국 노래자랑〉 MC를 맡고 정은아 선배님께 할머니 출연자 역할을 부탁드렸죠. 지금 생각해 보면 황당한 부탁이었는데 선배님께서 그 역할을 너무 잘해주시는 거예요. 주눅이 들 정도였어요. 정말 감사했죠. 이런 식으로 밀착 테스트를 해요. 테스트의 유형은 해마다 조금씩 바뀌어요. 예능이 대세일 때는 예능, 장기자랑을 시키기도 하고, 어느 해에는 블라인드 테스트를 했다고 들었어요.

2차 카메라 테스트가 끝나면 몇 배수만 남아요. 마지막 면접을 진행하죠. 사장 면접, 아나운서 선배 면접도 해요.

2015
아나운서대상
시상식에서

계약직 아나운서를 해 본 경험이
시험에서 더 유리한가요

편 케이블이나 종편에서 계약직 아나운서를 해 본 경험이 시험에서 더 유리한가요?

윤 특별히 그런 사람을 더 선호하는 건 아니에요. 공채 시험 원서를 쓸 때 경력은 기재하지 못하게 되어 있어요. 그렇지만 카메라 앞에 많이 서 본 사람이니까 시험을 잘 볼 가능성이 높 겠죠? 카메라 앞에 많이 서 보면 자신의 장단점을 잘 알고 꾸 밀 수 있어요.

경력자가 많이 합격할 것 같지만 그렇지 않아요. 합격자 의 반 정도 되는 것 같아요.

유리한 전공이 있나요

편 유리한 전공이 있나요?

윤 없어요. 아나운서들의 전공은 완전히 달라요. 방송은 워낙 다양한 분야를 다루기 때문에 유리한 전공은 없는 것 같아요. 다만 자신의 전공을 어떻게 살리느냐는 중요한 문제겠죠.

편 중고등학생 시절의 방송반 경험은 도움이 될까요?

윤 방송반 출신이 은근히 많아요. 어떤 후배를 볼 때 '어떻게 처음부터 저렇게 잘하지?'라고 생각이 들면 대부분 방송반 출신이에요.

공채시험 준비과정은 어떤가요

편 공채시험 준비과정은 어떤가요?

윤 요즘에도 필기시험은 스터디를 만들어서 많이 해요. 아나운서 스터디를 통해 카메라 앞에 서 보는 게 도움이 되죠. 그리고 필기시험은 기자, PD 지망생들과 함께 공부하는 경우가 많더라고요. 논술 문제는 다르지만, 필기시험은 똑같거든요. 아나운서 지망생들은 스터디를 2개 정도 해요.

편 아카데미를 다닐 수 없는 친구들이 도움받을 수 있는 방법은 없나요?

윤 지망생들끼리 스터디 만들어서 학교에서 지원하는 프로그램을 이용하는 게 가장 좋아요. 보통 학교 방송국에 카메라와 오디오 장비가 다 있거든요.

합격 비결이 있을까요

편 합격 비결이 있을까요?

윤 다 비슷한 차림으로 예쁘게 하고 오니까 개성이 없으면 눈에 안 띄는 것 같아요. 짧은 시간 안에 무언가를 보여주긴 힘들겠지만 내가 가진 개성에 대해 제대로 탐구하는 게 중요해요.

'내가 가진 특기를 짧은 시간 동안 어떻게 보여줄까?'라고 고민해야죠. 우선 눈에 띄어야 해요. 이상하게 튀라는 이야기가 아니라 내 장점을 각인시켜야 한다는 뜻이에요.

어떤 과목을 잘하는 게 유리할까요

편 중고등학교 시절에 어떤 과목을 잘하는 게 유리할까요?

윤 아나운서를 지망하는 학생들은 글쓰기를 많이 연습하면 좋겠어요. 글쓰기가 모든 것의 기본인 것 같아요. 물론 말하기는 기술이 필요한 부분이라 글이 바로 말로 연결되지는 않아요. 그렇지만 확실한 건 글쓰기는 말하기의 중요한 바탕이에요. 진심이 담긴 글을 쓰고 그걸 말로 표현하는 사람이 어느 분야에서든 성공한다고 확신해요. 좋은 말을 잘하는 사람이 성공할 수밖에 없어요. 학생들이 지금부터 자기 생각을 글로 잘 표현하고 말로 연습하면 좋겠어요.

어떤 사람이 아나운서가 되면 좋을까요

편 어떤 사람이 아나운서가 되면 좋을까요?

윤 일단 사람한테 관심이 많아야 해요. 자기 자신에게 집중하기보다는 사회적인 주제나 사람들에게 관심이 많아야 다른 사람의 이야기에 귀를 기울일 수 있어요. 아나운서라는 직업은 말하기만큼 듣는 기술이 중요하거든요. 배려심과 긍정적인 마음을 갖고 있어야 해요. 물론 프로그램에 따라서 상대방을 비판하고 분석할 수도 있어요. 그렇지만 대부분 프로그램은 긍정적인 걸 보여주는 게 목적이거든요. 그래서 따뜻하고 긍정적인 사람들이 이 일을 하면 좋을 것 같아요.

아나운서 직업과 안 맞는 사람은 누구일까요

편 아나운서 직업과 안 맞는 사람은 누구일까요?

윤 자기에게 모든 초점이 맞춰져 있는 사람이요. 그런 사람들이 해야 할 일은 따로 있어요. 자기 자신이 좀 냉정한 편이고, 내면으로 파고드는 걸 좋아한다면 이 일은 적합하지 않아요. 정말 괴로울 것 같아요.

아나운서가 되고 싶은 사람들에게
조언을 부탁드려요

 아나운서가 되고 싶은 사람들에게 조언을 부탁드려요.

 세상에 관심을 가지세요. 물론 그 속에는 자기 자신도 포함돼요. 아나운서가 되기 전에 자기 자신을 잘 파악하고 있으면 진로를 찾는 시간을 단축할 수 있을 거예요.

세상에 많은 관심을 두고 사색하고 탐구하고, 나는 무엇을 할 때 좋은 사람이고, 무엇을 할 때 평범한지, 또 어느 때 결과가 안 좋은지 많은 경험을 해 보면 좋겠어요.

저는 모든 걸 다 해보는 스타일이에요. 그런 모험심이 방송의 좋은 밑거름이 되는 것 같아요. 여행을 가도 이상한 음식, 장소 구분 없이 일단은 경험해요. 사람도 많이 만나고, 다양한 친구를 사귀려고 노력해요.

 다양한 걸 경험하기 어려운 친구도 있을 거예요. 어떻게 노력하면 좋을까요?

 책을 많이 읽는 사람을 누구도 이길 수 없다고 생각해요. 사회에 나와서 사람들을 만나보면 책을 많이 읽는 사람의 지

성과 성장 속도, 말의 깊이 등을 도저히 따라갈 수 없더라고
요. 김재원 선배님은 지금도 일주일에 책을 몇 권씩 읽어요.
평생의 습관이죠. 그 선배의 글을 읽어보면 인생과 지성의 깊
이가 느껴져요. 저는 책을 읽는 습관이 나를 세우는 데 가장
중요하다고 생각해요.

편 독서가 말로는 쉽지만 사실 학생들이 실천하기에 어려울
수 있어요.

윤 자신에게 부족한 모든 부분은 독서를 통해서 얼마든지 메

울 수 있다고 생각해요. 다만 독서를 하지 않는 사회와 가정의
환경이 너무 안타까워요. 자기 자신을 한 단계 높이고 싶다면
책과 가까워지라고 말해주고 싶어요. 독서는 여행이나 어떤
체험보다 가장 가치 있고 중요한 경험이라고 생각합니다.

윤지영 아나운서가 알려주는 공채시험 Tip

방송사별로 차이가 있지만. 공통적인 내용을 정리하였습니다.

1차 ㅣ 서류면접

응시인원을 줄이기 위한 과정입니다. 수많은 응시생이 몰리다 보니 1차 서류를 통해 기본소양을 판단합니다. 모집인원의 100~200배 수를 선발합니다.

나이 제한이 거의 사라졌으나 최종 학력과 학점을 요구하는 곳이 있고, 공인 영어점수, 한국어능력 시험 점수 (KBS는 필수), 프로필 사진 등을 방송국에 제출해야 합니다.

프로필 사진은 단정한 것을 선호하며, 간혹 학점 제한을 두는 방송사도 있습니다. 외국어와 한국어 시험은 점수가 높은 게 유리하지 않고, 일정 점수만 넘으면 됩니다.

2차 ㅣ 카메라 테스트

아나운서의 기본 소양인 카메라 적합도를 판단하는 단계. 서류면접을 통과한 사람들이 방송국 심사관들 앞에서 교양 프로그램 원고 2~3문장을 낭독합니다. 심사관들이 카메라 정면,

측면, 전신화면 등을 보고 응시자의 점수는 매기는 단계입니다. 개인적인 질문은 없습니다. 카메라를 통해 보이는 인상과 자세, 발음, 장애 유무 등을 판단해서 모집 인원의 30~50배수 정도를 선발합니다.

3차 | 필기시험

방송사별로 다릅니다. 자체 시험을 보거나 논술 시험으로 대체하는 경우가 있습니다.

논술 주제는 시대 상황을 반영하는 문제들이 대부분이므로 신문이나 시사 잡지를 통해 꾸준히 준비해야 합니다. 스터디 그룹을 만들어 다른 응시자들과 주제를 교류하는 등 함께 대비하면 좋습니다.

4차 | 심층 카메라 테스트

3차까지 통과한 응시자들을 대상으로 본격적인 카메라 테스트를 합니다. 개인당 5분의 시간과 함께 주제를 제시합니다.

그해 방송사에서 원하는 아나운서의 색깔이 반영되는 단계입니다. 예를 들어 중계하는 아나운서를 뽑고자 한다면 중계방송을 시켜보고, 뉴스 앵커를 원한다면 뉴스 속보를 시킴니다.

그해 방송사의 수요를 응시자가 파악하긴 힘들겠지만 어떤 긴급한 상황에 놓여도 대응할 수 있는 임기응변 능력과 심사위원을 시청자로 생각하고 공감시키는 진행 능력이 합격의 당락을 좌우합니다.

5차 ㅣ 최종면접

4차까지 통과한 10배수 정도의 합격생들이 방송사 고위 간부들의 심층 면접을 봅니다.

이력서에 쓴 내용을 바탕으로 질문을 받는데, 방송의 역할에 대한 본인의 생각, 방송인이 되고자 하는 이유부터 개인적인 질문, 사회적인 이슈에 대한 것까지 다양한 질문을 받습니다. 당황할 수도 있겠지만 무엇보다 중요한 것은 진심으로 대하는 것입니다. 합격에 대한 간절함은 모두가 비슷하니 평소 본인인 가진 소신과 방송인으로서의 소양을 개성 있고 진실하게 표현할 수 있을지 고민해야 합니다. 여기에서 당락이 결정됩니다.

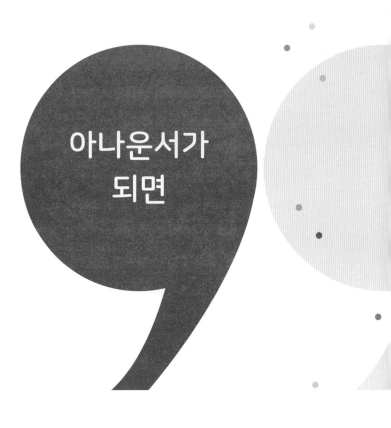

ANNOUNCER

아나운서가
되면

9

공채시험에 합격하면 어떤 과정을 거치나요

편 공채시험에 합격하면 어떤 과정을 거치나요?

윤 처음 한 달은 연수원에서 직종 구분 없이 함께 연수를 받아요. KBS 직원으로서 알아야 할 모든 것들을 습득하죠. 강의를 계속 듣는데 모든 직종의 베테랑 선배가 와서 자신의 경험과 방송의 전망 등을 이야기 해요.

그 과정이 끝나면 직종별 트레이닝을 받아요. 방송국 지하에 아나운서 교육장이 있어요. 9시부터 저녁 6시까지 신입 교육 프로그램이 꽉 짜여있어요. 베테랑 선배들이 뉴스, 예능, 라디오 DJ 등에 대해 알려 주세요. 배우고, 직접 해보면서 평가도 받아요. 주제를 놓고 3분 스피치를 하는데 초시계로 시간을 정확히 재요. 점수를 매기죠. 마지막에 스튜디오 등을 돌면서 실무교육을 받고 바로 라디오 뉴스에 투입돼요. 이 과정이 6개월 정도 걸리는 것 같아요.

편 6개월 안에 방송에 투입되면 좀 빠르지 않아요?

윤 저는 많이 헤맸어요. 저처럼 방송이 처음인 사람들만 들어와서 훈련을 거치고 방송에 투입될 거로 생각했죠. 그런데 입사를 하니까 12명 중에서 2~3명 빼고 모두 방송 경력자들인 거예요. 2~3명은 대학 재학생, 나머지 사람들은 이미 케이블 TV에서 리포터나 아나운서 경험을 했더라고요. 저는 6개월 훈련이 끝난 뒤에도 많이 부족했어요. 그런데 라디오 뉴스에 바로 투입되니까 실수가 생겼고, 아나운서실로 항의 전화도 왔었어요.

신입사원 때 한 번은 원양어선에서 항의 편지가 왔었어요. KBS 라디오 뉴스는 채널이 많아요. 재외 동포들에게 보내는 채널이 있는데 당시에는 인터넷이 없었기 때문에 이 방송으로 고국 소식을 들었죠.

어떤 분이 편지를 주셨는데, 원양어선에서 이 방송을 듣는 게 자신의 낙이래요. 그런데 요즘 뉴스를 읽는 아나운서가 너무 더듬어서 짜증이 난다고 애청자께서 편지를 보내셨어요. 많이 혼났죠. 결국 뉴스를 최고 잘하시던 대선배님께 1년 동안 엄청 혹독하게 재교육을 받았어요. 저는 그 1년 동안 방송을 다 배운 것 같아요. 후배인 제게 애정을 갖고 대해 주셨죠. 정말 안타까운 마음으로 도와주셨던 것 같아요. 작년에 작고하셨는데 제게 큰 슬픔이었어요.

Job
Propose 18

편 정말 감사한 분이네요.

윤 방송 일을 했던 사람들은 자신만의 방식이 다 있어서 뭘 배워도 받아들이는 게 쉽지 않아요. 전 뉴스를 해 본 적이 없으니까 백지상태였어요. 저를 가르쳐 주셨던 고 박태남 선배님께서는 오히려 잘 됐다고 생각하신 것 같아요. 솔직히 그 당시에는 선배가 나를 도와주는 게 당연하다는 생각도 했었어요. 그런데 지금 들어오는 후배들을 보면 그렇게 배울 기회가 없어요. 지금도 뉴스를 진행할 때마다 저를 일 년 동안 훈련해 주셨던 그 선배님이 생각나요.

아나운서들끼리 경쟁이 심한가요

편 아나운서들끼리 경쟁이 심한가요?

윤 방송은 다 무한 경쟁이에요. 선배와 경쟁할 때도 있고, 동기나 후배랑 경쟁할 때도 있어요. 연예인, 기자, PD, 각계의 전문가, 일반인 등과 무한 경쟁을 하죠. 당연히 서로를 챙기기 어려워요. 그런데 훈련을 받는 그 6개월은 누구와도 경쟁하지 않고 제대로 배울 수 있는 기간이에요. 나중에는 그 시간이 정말 그리웠어요.

KBS 연봉은 어떻게 되나요

편 KBS 연봉은 어떻게 되나요?

윤 공채로 입사하면 4직급인데 초봉이 세금 전 4000만 원 정도 되고, 직급이 올라갈 때마다 연봉이 15~20%씩 상승합니다.

방송국 아나운서 성비는 어떻게 되나요

📭 방송국 아나운서 성비는 어떻게 되나요?

📭 서울에 100명이 있는데 남녀 성비는 1:1이에요. 공채는 매해 수요에 따라 성비가 다를 때도 있어요. 그렇지만 전체의 성비가 한 쪽으로 치우치는 일은 거의 없답니다.

아나운서 직급 체계가 어떻게 돼요

편 아나운서 직급 체계가 어떻게 돼요?

윤 아나운서만 따로 있지 않아요. KBS는 입사하면 4직급부터 시작해요. 그다음 3직급, 2직급이 있는데, 2직급 안에 갑하고 을이 있어요. 그다음에 1직급이 있고요.

편 선생님은 지금 어느 직급인가요?

윤 저는 2직급 갑입니다.

프리랜서와 방송사 아나운서의
처우가 어떻게 다르죠

편 프리랜서와 방송사 아나운서의 처우가 어떻게 다르죠?

윤 비교하기 어려워요. 방송사 아나운서는 일반 기업과 마찬가지로 직급에 따라 월급을 받아요. 프리랜서 아나운서는 프로그램별로 계약을 하는 거고요.

예를 들어 프리랜서 아나운서가 매일 방송하는 〈아침마당〉을 하게 되면 하루 출연료를 얼마로 할 건지 계약을 해요. KBS 소속 아나운서는 프로그램별 진행비가 2만 원이고요. 월급 외에 프로그램 진행비는 무조건 2만 원이에요. 어떤 프로그램은 만 원인 경우도 있어요. 라디오는 1만 4천 원이고요.

프로그램을 많이 맡아서 진행하는 아나운서와 아예 진행을 안 하는 아나운서 월급을 비교하면 백만 원 정도 차이나요. 방송을 많이 하는 아나운서는 '내가 이걸 편당으로 계약하면 얼마야?'라는 생각을 하게 되죠. 사람이다 보니까 참기 어려울 수도 있어요. 그렇지만 프리랜서의 경우 갑자기 프로그램에서 하차하면 당장 다음 달 월급이 0원이 돼요.

저울질을 잘해야죠. 내가 KBS라는 이름을 벗어도 내 이름 하나만으로 사람들과 경쟁할 수 있나? 회사에서 주는 월급보다 많이 받을 수 있나?

KBS 아나운서가 경쟁력이 높은 이유는 채널이 많아서 다양한 프로그램을 할 수 있기 때문이에요. 일단 입사하면 뉴스, 시사, 예능, 라디오 DJ를 다 해보거든요. 그래서 KBS 아나운서들이 프리랜서로 독립했을 때 성공할 확률이 높아요. 프로그램 경험이 워낙 많으니까요. 그렇지만 진짜 성공하는 경우는 백 명 중의 5명인 것 같아요. 그 정도로 방송 쪽에서 살아남는 건 힘들어요. 무한 경쟁으로 가득한 정글이니까요.

편 프로그램을 하차할 때 어떻게 통보받나요?

윤 프로그램별로 달라요. 갑자기 어떤 사정으로 바뀌면 급하게 교체되고, 개편 등의 사정으로 한 달 전에 여유 있게 통보받는 경우도 있습니다.

아나운서의 일과를 이야기해 주세요

편 아나운서의 일과를 이야기해 주세요.

윤 일반적으로 9시에 출근해서 아나운서실 배당판을 확인해요. 내가 오늘 무슨 뉴스를 해야 하는지 나와 있어요. '오늘 나는 12시에 1라디오, 2시에 3라디오 뉴스를 하는구나'라고 체크하죠.

뉴스 배당은 아나운서가 미리 제출한 일정과 겹치지 않게 정해져요. 예를 들어 7월 10일 오전 10시에 녹음을 하고 오후 3시에 녹화를 하는 일정이면 이 시간을 피해서 뉴스가 배당돼요.

저는 지금 라디오 뉴스를 아예 못 해요. 오전에 라디오 프로그램 녹음이 있고, 오후에 TV 생방송이 있거든요. 아침에 가서 녹음하고 퇴근했다가 저녁에 또 출근해야 해요. 너무 일정이 꽉 차 있고 불규칙하니까 뉴스를 배당하기 어려운 거죠.

새벽 3시에 출근하면 12시에 퇴근해요. 9시간 근무시간만 지키면 되거든요.

회의나 회식이 많은가요

편 회의나 회식이 많은가요?

윤 아나운서끼리 회의할 일은 거의 없어요. 프로그램별로 팀 회의를 하죠.

아나운서실 회식은 1년에 한두 번 해요. 만약 불참하게 되면 반드시 사유를 써야 해요. 방송 외의 이유로는 빠질 수 없어요. 왜냐하면 1년 중에 딱 그때만 만날 수 있거든요. 그래서 아나운서실의 행사는 거의 강제 참석이에요.

아나운서만의 직업병은 뭔가요

편 아나운서만의 직업병은 뭔가요?

윤 우리가 이어폰을 많이 꽂기 때문에 귀에 이상증세가 많아요. 장비가 워낙 좋으니까 소리가 굉장히 잘 들리거든요. 그리고 목과 기관지 병에 잘 걸려요.

방송 스튜디오는 창문이 없고 방음 때문에 벽에는 카펫 등

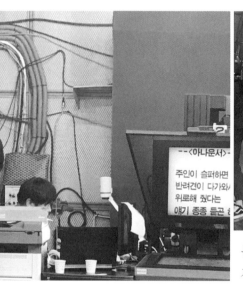

뉴스 스튜디오 내
자리잡고 있는 프롬프터

이 설치되어 있어요. 거의 밀폐된 공간이죠. 음향 때문에 문틈에도 고무가 다 씌워졌어요.

그리고 기계가 많으니까 한겨울에도 에어컨을 틀어요. 그래서 스튜디오는 항상 추워요. 한여름에도 겨울 코트를 하나씩 걸치고 있죠.

조명과 프롬프터prompter때문에 눈도 많이 나빠져요. 카메라에 프롬프터가 달려 있어요. 사실 카메라가 꽤 멀리 있거든요. 그걸 계속 보면서 읽어야 해요. 그래서 뉴스 앵커를 오래 하면 라식, 라섹 수술은 기본이에요.

그리고 안경 끼고 방송하는 여자 아나운서가 거의 없잖아요. 남녀차별인 것 같아요. 어떤 후배들은 눈이 너무 심하게 아파서 절대로 렌즈를 끼면 안 되는데 어쩔 수 없이 방송 시간에는 렌즈를 착용해요. 그러면 회복이 안 되죠.

주5일 근무가 잘 지켜지나요

편 주5일 근무가 잘 지켜지나요?

윤 보통 휴일에도 방송이 있기 때문에 모든 아나운서가 돌아가면서 근무를 해요. KBS는 새벽 5시, 6시 뉴스가 있어요. 너무 힘든 방송이라 모든 아나운서가 돌아가면서 해요. 그리고 여자 아나운서는 안전상의 이유로 숙직에서 제외가 됐지만, 새벽 뉴스는 진행하고 휴일 근무를 한 달에 2번 정도 하는 거 같아요.

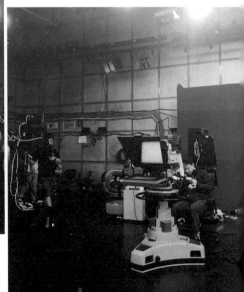

뉴스 스튜디오

휴일에 근무하면 23,100원을 받아요. 그리고 대체휴가를 주고요. 그런데 저처럼 매일 방송이 있는 사람들은 대체휴가를 쓰는 게 불가능해요. 방송을 누구한테 맡길 수가 없잖아요. 그래서 연말에 방송을 다른 사람에게 맡기고 아예 일주일 정도 휴가를 다녀와요.

편 이어서 쓸 수 있는 휴가가 며칠인가요?

윤 얼마든지 길게 쓸 수 있는데 모두 방송이 걸려 있으니까 길게 가봤자 일주일 정도 쓰는 것 같아요.

아나운서에서 다른 직업으로
진출하는 경우가 있나요

편 아나운서에서 다른 직업으로 진출하는 경우가 있나요?

윤 말이 워낙 중요한 시대잖아요. 다양한 분야로 진출해요. 기업 홍보, 프레젠테이션하는 부대표, 프리랜서, 정치인, 정당 대변인 등을 많이 해요.

아나운서는 워낙 다양한 분야에서 많은 사람을 만나는 일이에요. 모든 것을 아우르는 마음을 기본적으로 갖고 있어요. 그래서 갈 수 있는 곳이 무척 다양합니다.

대부분 정년퇴직까지 근무하나요

편 대부분 정년퇴직까지 근무하나요?

윤 병으로 돌아가신다거나 특별한 사업 때문에 그만두는 경우를 제외하고 대부분 아나운서는 정년퇴직까지 근무해요. 정년퇴직 후에는 지역 방송으로 연결되거나 종교 방송에서 근무하는 경우가 많아요. 70대 중반인데 나레이션을 하는 경우도 봤어요. 워낙 다양한 방송 채널이 있기 때문에 자신의 의지만 있으면 방송을 계속할 수 있어요.

후배들에게 어떤 조언을 하세요

편 후배들에게 어떤 조언을 하세요?

윤 예전에는 트레이닝만 잘 되면 그다음부터는 쉬웠어요. 처음에는 카메라 앞이 떨리지만 5년 차가 되면 익숙해져서 물 흐르듯이 진행하면 됐거든요. 이제는 선후배 차이도 없어지고. '누가 더 자기만의 색깔을 가졌느냐'로 대결하는 시대가 되었어요. 세상이 너무 빨리 변하니까 후배들에게 무언가를 조언하기 어려워요. 요즘은 부모님도 자녀에게 어떤 직업을 가지라고 말 못 하잖아요? 그 직업이 언제 없어질지 모르니까요.

그래서 후배 아나운서에게 이런 조언을 해요.

"너만의 콘텐츠와 개성이 반드시 있어야 해. 앵무새처럼 똑같이 말하는 아나운서는 더 필요하지 않아. 너만의 개성과 콘텐츠가 있어야 그 프로그램이 널 찾을 거야."

편 예전에는 아나운서 이름을 많이 기억했던 것 같은데, 지금은 아닌 것 같아요.

윤 방송이 워낙 많아져서 지금은 매일 아침, 저녁 프로그램에 나와도 사람들이 아무도 못 알아본대요. 사람들이 채널을 고정하지 않고 돌려 보고, 또 인터넷과 모바일이 대세잖아요. 전에는 9시 뉴스 진행자 백지연, 황현정 아나운서를 다 알았죠. 지금은 9시 뉴스를 몇 년씩 해도 사람들이 알아보지 못하고 지나간대요.

편 아나운서 시험에 합격하기는 더 힘들어졌죠?

윤 경쟁은 더 치열해졌고 준비 기간도 훨씬 길어졌어요. 한 번에 붙는 사람은 거의 없어요. 몇 년 동안 준비해서 아나운서가 되었는데 사람들이 아무도 알아주지 않는다면 좀 속상한 일이죠.

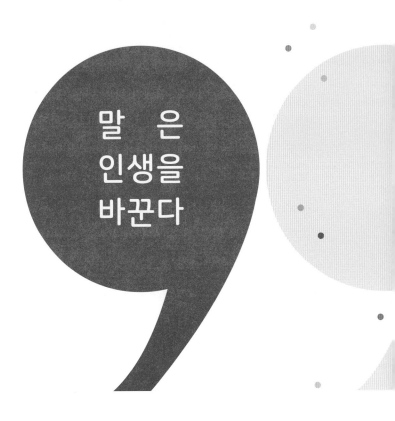

ANNOUNCER

말 은
인생을
바꾼다

'다르다'와 '틀리다'

편 언어가 사고에 어떤 영향을 미칠까요?

윤 언어와 사고는 깊은 연관이 있어요. 예를 들어 '다르다'와 '틀리다'를 살펴보죠. '다르다'고 써야 하는 걸 '틀리다'고 말하다 보니 사람들은 어느 사이엔가 나와 다른 대상을 '틀리다'고 생각해요. '다르다'는 말 속에는 차이에 대한 인정이 포함되고 있고, '틀리다'는 말 속에는 차이에 대한 부정적인 인식이 있어요. '틀리다'는 말보다 '다르다'를 사용해야 차이를 존중하는 생각을 가질 수 있습니다. 이렇게 언어와 생각은 뗄 수 없는 단짝이에요. 서로 다른 건 잘못이 아니에요. 너와 내가 다르니까 그 차이를 인정하면 싸울 게 없죠. 그런데 '틀리다'고 생각하면 싸움이 돼요. '너는 틀렸어'라고 말하는 순간, 틀린 상대방은 바로잡아야 하는 대상이 되어 버리죠. 그래서 애들도 싸우고 어른도 싸워요. 사회 전체가 분쟁인 것 같아요.

친구들의 언어를 한 번 살펴보세요

편 이 책을 읽는 청소년들도 친구들의 언어를 한번 살펴보세요.

윤 말이 망가지고 파괴되는 것도 문제겠지만, 말을 해야 하는 기회가 줄어드는 게 가장 큰 문제라고 생각해요. 컴퓨터와 핸드폰으로 소통하다 보니 말을 하는 시간이 줄어들 수밖에 없어요. 그러다 보니 언어 능력은 계속 떨어지고요. 예전에는 소통수단이 말밖에 없었으니까 성인이 될수록 언어 능력이 함께 성장했어요. 그런데 최근에는 모바일을 통한 소통의 비중이 커지다 보니 언어 능력이 발달하지 못하고 어린 시절에 멈춰버려요.

편 영국은 언어의 격차를 사회적 문제로 느끼기 시작한 것 같아요. 뉴스나 소셜미디어 등을 통해 귀족과 서민 계층의 언어 차이가 벌어지는 현상을 깊이 고민하고 있음을 느꼈습니다. 언어의 격차가 사회적 격차를 더 심화시킬 거라고 느끼기 때문이겠죠.

영국 배우들이 사용하는 어휘나 발음은 상류층의 언어래

요. 배우들이 대부분 상류층 출신인 거죠. 특정 계층의 고급 언어를 서민층이 바라보면서 무엇을 느낄까요? 드라마 속의 배우들은 시청자들이 감정이입을 하는 대상인데 말이죠.

윤 영국 드라마를 보면 발음이 굉장히 우아해요. 미국 드라마와는 달리 격식이 있어 보이죠. 미국은 서부 지역이 발음을 많이 굴리거든요. 그런데도 영국식 영어를 쓰는 사람이 있으면 한번 쳐다본대요. 우리나라에도 서울말에 대한 일종의 동경이 있는 것처럼 미국 사람들도 마찬가지예요. 세련된 언어라는 게 분명히 존재해요. 표준어의 정의를 보면 수도에 사는 교양인들이 쓰는 말이거든요. 서울에 사는 교양 있는 지식인의 언어가 표준어죠. 우리가 아무리 언어를 파괴하고 싶어도 우리 무의식 속에는 교양 있는 언어에 대한 욕망이 있다고 생각해요.

제가 고등학교 윤리 선생님과 교육 프로그램을 함께 했었어요. 윤리는 어려운 말이 많이 나오는 과목이잖아요. 수업할 때 못 알아듣는 학생들은 그냥 엎드려서 잔대요. 선생님도 학생을 굳이 깨우지 않고요. 다른 학생들의 수업을 방해하니까요. 그 선생님이 나중에 유명해져서 다양한 지역의 학교에 다니며 강의를 했어요. 그런데 어느 지역의 학생들은 이 선생님의 강의가 좀 답답했나 봐요. 손을 들더니 우리가 다 아는 단어를 굳이 설명하지 않아도 된다고 하더래요. 이렇게 작은 서울 안에서도 지역별 언어 격차가 생기고 있다는 뜻이겠죠.

편 직업 격차, 부모 경제 격차까지는 이해가 되지만, 언어의 격차는 너무 슬픈 일이네요. 언어는 인간의 본능이잖아요. 이 상태로 10년, 20년이 흐른다면 학생들의 언어 격차가 지역 갈등, 세대 갈등으로 될 것 같습니다.

윤 청소년기의 언어는 정말 중요해요. 그때 배우지 않으면 어른이 되고 나서는 더 배울 수 없는 것들이 정말 많잖아요. 어른이 되고 난 후의 사회생활은 청소년 시절에 배운 걸 사용하는 기간이라고 생각해요.

저희 남편은 재미교포 2세예요. 저와 결혼하고 처음 한국에 살기 시작해서 17년째 거주하고 있어요. 17년 정도 살았으면 한국말에 대해 대부분 이해할 거라고 생각했는데, 전혀 그렇지 않아요. 메워지지 않는 구멍이 있어요. 미국에서 좋은 학교를 나온 사람이지만 어린 시절에 습득하지 않은 언어의 구멍이라는 건 메워지지 않아요. 제 남편이나 아이들만의 문제가 아니에요. 아이들을 키우는 부모님, 이 책을 읽는 학생들은 자신이 사용하는 언어가 자신의 문화와 생활, 일, 더 나아가 인생 전체가 될 수 있음을 잊지 않았으면 좋겠습니다.

편 최근에 학생들이 사용하는 언어를 살펴보면 예전에는 남학생들의 언어가 되게 거칠었고, 여학생들은 그런 걸 싫어하는 분위기였어요. 그런데 최근에는 여학생들도 남학생들과 비슷한 언어를 사용하기 시작했어요. 예를 들면 "나는 지금 무엇 때문에 슬퍼."라고 정확하게 말하는 게 아니라 "아, 그냥 짱나." 이렇게 말하는 거죠.

윤 사람은 희한하게 나쁜 쪽으로 더 빨리 흡수가 돼요. 아이들도 어른들도 자극적이고 나쁜 쪽에 더 끌리죠. 좋은 언어를 쓰는 교양인이 되려면 많은 생각과 노력이 필요합니다.

말 이외에 언어는 뭐가 있을까요

편 말 이외의 언어는 뭐가 있을까요?

윤 언어가 말의 전부라고 생각하는 순간 패착에 빠져요. 말 외에도 표정, 행동, 눈빛 등이 전부 언어예요. 말은 어떻게 보면 기술과 내용, 지식 등이 응축돼서 나오는 종합 예술인 것 같아요. 그래서 말을 잘하려면 오랜 준비와 노력이 필요해요.

예를 들면 인터뷰 대상이 마음을 열고 본인의 이야기를 어렵게 털어놓기 시작했을 때 여러 개의 질문 대신 마음 깊이 경청하는 태도, 손짓, 눈빛 등이 때론 더 깊은 이야기를 끌어 내는 언어가 되기도 해요. 누군가와 대화를 할 때 나의 말만큼 상대방의 말이 중요하고 생각한다면 지금의 대화에서 상대방에게 필요한 것을 생각하게 될 거예요. 그러다 보면 눈빛, 손짓, 경청, 행동 등이 대화에 적절히 섞이게 되고요. 말과 함께 이 모든 것들이 어우러진 대화야말로 진정한 공감의 대화라고 생각합니다.

일반 언어와 방송 언어가 다른가요

편. 우리가 쓰는 일반 언어와 방송 언어가 다른가요? 큰 차이가 있어요?

윤. 방송 언어와 생활 언어는 차이가 있어요. 그 차이를 줄이는 게 아나운서의 역할이라고 생각해요. 평소에 막말하는 아나운서가 방송에서 교양 있는 척을 하면 보기 싫더라고요. 그런데 그 괴리가 최근에는 점점 심해지는 것 같아요. 최근에 입사하는 아나운서를 보면 확실히 언어 습관이 우리와는 달라요. 저하고 거의 22년 차이인데 IT 세대여서 인터넷과 모바일 언어가 주 언어거든요. 그런 후배들은 평소에 하는 말과 방송에서 하는 말이 달라서 혼란을 많이 느낄 거 같아요. 친구들을 만나면 줄임말, 외래어, 상징어들을 많이 쓸 텐데 방송에서는 갑자기 정제된 언어를 사용해야 하니까요.

편. 생각을 표현하는 게 말이지만, 말이 생각을 만들 수 있어요.

윤. 예전에는 남한테 안 좋은 이야기를 할 때 엄청나게 돌려서 말했어요. 그런데 요즘은 강한 단어 하나로 상대방의 마음에 꽂아버리죠. 그런 언어 습관이 타인을 괴롭히거나 해를 입히는 행동으로 이어지는 것 같아요. 말이 험해졌다고 해서 그 말을 듣는 사람의 마음이 함께 험해진 건 아니에요. 사람의 마음은 똑같아요. 누군가에게 이해받고 싶고 격려받기를 원하죠. 그래서 많은 사람이 우울증, 대인 기피증 등의 정신과 질환을 앓는 것 같아요. 사람들은 이유를 몰라요.

'내가 왜 이렇게 불행하지?'

'왜 이렇게 우울하지?'

'저 사람이 왜 이렇게 밉지?'

저는 그 이유가 말과 연결된 것 같아요.

편. 내 생각이 올바르지 않은데 바른 말을 쓰는 게 가능한가요?

윤. 쉽지 않아요. 원인과 결과로 구분하기도 모호하고요. 다만 억지로라도 좋은 말을 사용하다 보면 생각도 바르게 잡힐 수밖에 없어요. 말과 생각 중 한쪽은 먼저 반드시 바뀌어야 해요.

좋은 말과 바른 언어를 사용하는 사람이 못된 행동을 하면 스스로 어색할 거예요. 엄마가 아기를 키우는 모습을 보면 좋은 말을 많이 하고, 행동도 사랑하는 감정에 맞추어져요. 언어는 모두 행복하고 안전한 사회를 위해 국가적인 차원에서 신경 써야 해요. 어른들이 고민하고 해결해야죠. 학교 언어문제가 군대 문제로 이어지고, 그게 결국 사회가 되니까요.

📮 모든 아이들은 좋은 말을 듣고 싶어해요. 좋은 말을 하는 사람이 되고 싶고요. 그런데 그 방법을 모르는 것 같아요. 그리고 그 아이들이 어른이 되어서 또 다른 아이들을 키우게 되는 이 순환을 잊지 않아야죠. 지금의 모바일 세대가 부모가 되기 전에 언어 순화 작업을 서둘러야 한다고 생각해요. 언어 순화를 위해 가장 시급한 게 무엇일까요?

📮 방송 프로그램이 좋긴 한데, 그 파급 효과가 옛날만큼 크지 않아요. 저는 인터넷에 대한 규제가 필요하다고 생각해요. 방송법 제재를 받지 않아서 100% 영리만 추구하다 보니 언어를 무너뜨리고 사람들을 무한대로 자극하죠. 사람들에게 미치는 영향력을 생각하면 이제는 방송보다 인터넷 쪽이 훨씬 더 강력해요. 네이버나 다음은 아이들에게 미안함을 느껴야 해요. 우리 사회를 오염시킨 주범 아닐까요? 언어가 오염되고 파괴되는 무대를 제공했으니까요. 지금부터라도 시간과 비용을 들여서 언어를 순화하는 방법을 모색하기를 바라요.

좋은 언어와 나쁜 언어의 기준은 무엇인가요

편 좋은 언어와 나쁜 언어의 기준은 무엇인가요?

윤 말하는 사람과 듣는 사람의 기분이 좋아지는 말이 좋은 말이에요. 나쁜 말은 그 반대고요.

그런데 사람들은 내가 할 때와 남이 할 때의 기준이 달라요. 말이라는 건 상대방의 처지에서 생각해야 되죠. 내가 들어서 기분 나쁜 말은 상대방의 기분도 나쁘게 하는 말이에요. 저는 솔직한 게 꼭 좋은 건 아니라고 생각해요.

우리가 자유로운 나라로 알고 있는 미국은 예의에 굉장히 철저해요. 처음 보는 사람에게 하면 안 되는 질문과 행동이 규칙처럼 정해져 있죠. 그 규칙은 사람이나 상황에 따라 달라지지 않고 반드시 지켜야 해요. 미국에서 태어나고 자란 제 남편은 한국 사람들이 너무 무례하다는 말을 자주 해요. 한국 사람들은 초면에 나이를 확인하잖아요. 미국에서는 있을 수 없는 일이죠. 그건 굉장히 사적인 질문이니까요. 인간적인 교감이 된 후에야 던질 수 있는 질문이에요.

그들은 이렇게 말하죠.

"내가 몇 살인지, 어디에 사는지, 직업이 뭔지 당신이 왜 알아야 하죠?"

사생활에 대한 존중이 없는 세계 1위의 나라가 대한민국
일지도 몰라요. 상대방을 존중하는 언어를 사용한다면 내가
존중받을 수 있어요. 선진국은 언어와 정신이 연결되어 있다
는 걸 받아 들여요. 처음 본 사람에게는 질문 하나도 굉장히
조심하고, 단어 선택에도 주의를 기울이죠. 처음 만난 사람과
친한 사람에게 써야 할 단어가 철저하게 구분되어 있어요. 체
계화되어 있어요.

우리는 모두 생활의 아나운서네요

편 저는 선생님과 대화를 나눌수록 아나운서는 특별히 말을 잘하는 직업이 아니라 우리 모두의 직업이라는 생각이 들어요. 우리는 누구나 아나운서인 것 같아요.

윤 인간이라면 누구나 자신을 표현해요. 말은 기술이 중요한 게 아니라 진심이 담겨 있느냐, 아니냐가 중요해요. 말을 잘하고 목소리가 좋은 건 전부 기술이에요.

자기 분야에서 최고가 된 어떤 전문가는 인간관계에 서툴러서 낯가림도 심하고 대중 앞에서 말을 더듬기도 해요. 저는 처음에 '오늘 방송이 어려울 것 같아'라고 생각하죠. 그러나 자신의 진실한 인생에 관해 이야기를 시작하면 그 내용과 말이 너무 감동적이에요. 비록 어눌하지만, 그 사람 말 속에는 훌륭한 가치가 포함되어 있어요.

아이들이 가진 말의 재료는 다 다를 거예요. 하지만 자신의 진심을 들여다보며 자기 안의 것들을 표현하는 노력을 한다면 정말 훌륭한 아나운서가 될 거예요.

내 마음을 잘 표현하는 방법이 있을까요

편 내 마음을 잘 표현하는 방법이 있을까요?

윤 목소리나 말투 등의 기술은 굉장히 쉽게 향상할 수 있어요. 아나운서들의 목소리가 다 비슷한 이유는 말을 계속하다 보면 비슷하게 다듬어져서 그런 거예요. 말의 기술보다는 내용이 중요해요. 우리나라 사람들은 사회와 직장, 타인에게 받은 모든 상처를 지금의 내 옆에 사람에게 쏟아내는 것 같아요. 내 감정을 말로 표현하는 훈련이 제대로 안 되어 있는 거겠죠. 사실 가족은 감정의 쓰레기통이 아니잖아요. 어릴 때부터 좋은 말이든 나쁜 말이든 내 마음을 표현하는 걸 연습하면 좋겠어요. 자신의 감정을 상대방에게 표현하는 노력 하나로도 충분해요.

"너는 좋은 뜻으로 이야기했겠지만 나는 지금 기분이 안 좋아서 못 받아들일 것 같아. 이해해 주면 안 될까?" 어릴 때부터 이렇게 연습한다면 언어생활에 큰 변화가 올 거예요.

ANNOUNCER

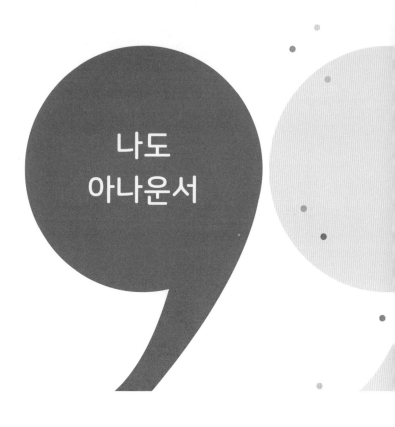

나도
아나운서

Job
Propose 18

윤지영 아나운서가 진행하는
〈KBS 글로벌 24〉 MC 원고를 각자 낭독해 보고
프로그램 다시보기를 통해
자신이 연습한 것과 어떻게 다른지
비교해 보세요.

출처
KBS 글로벌24
http://news.kbs.co.kr/vod/program.do?bcd=0057

캄보디아 '33년 집권' 훈센, 총선 압승

캄보디아 총선에서 33년간 캄보디아를 통치해 온 훈센 총리가 이끄는 여당이 압승했습니다.

훈센 총리가 이끄는 집권 캄보디아인민당, CPP은 전체 125석 중 100석 이상 차지할 것으로 예측되는데요,

이에 따라 1985년, 33살의 나이에 아시아 최연소 총리 자리에 오른 훈센은 최소 2023년까지 총리직을 이어나갈 전망입니다.

한편 이번 선거는 지난 11월 제1야당인 캄보디아 구국당을 강제 해산한 뒤 치러져, 비민주적이라는 비판이 쏟아지고 있는데요,

이와 관련해 미 백악관은 캄보디아 정부 관계자들의 비자 제한 확대 등을 고려하겠다는 내용의 성명을 발표했습니다.

美 월트디즈니, 플라스틱 빨대 퇴출 동참

　내년부터 디즈니랜드에서 플라스틱 빨대로 음료를 마시는 사람들을 찾기 힘들 전망입니다.

　미국 월트 디즈니사가 플라스틱 제품을 퇴출시키는 세계적인 움직임에 동참하기로 한 건데요,

　월트 디즈니 소유의 놀이공원과 식당 등에서 플라스틱 빨대의 사용을 금지함으로써, 매년 1억 7천5백만 개 이상의 빨대 소비가 줄어들 것으로 예상됩니다.

　월트 디즈니 사는 자사 호텔 객실에 비치하는 용품들을 재활용 제품으로 바꾸는 등 친환경적 조치를 이어나갈 방침이라고 발표했습니다.

실종된 할아버지, 드론이 찾았다!

[앵커]

글로벌 브리핑입니다.

울창한 습지대에서 노인이 실종됐다는 신고가 접수됐습니다.

대대적인 수색작전이 펼쳐졌는데요.

실종된 지 20시간 만에 극적으로 구조됐습니다.

구조대에 큰 도움을 준 건?

바로, 드론이었는데요.

드론의 활약상 함께 보시죠.

[리포트]

영국 노퍽 지역 습지대!

75살 피터 씨가 귀가하던 중 실종됐습니다.

헬리콥터와 50여 명이 수색작전에 투입됐는데요.

갈대가 빽빽한 습지대에서 사람을 찾기란 불가능했고, 경찰은 무인항공기를 띄웠습니다.

그리고 드론 카메라에 움직이는 형상이 잡혔습니다.

"할아버지가 맞나요?"

진흙에 파묻혀 있던 피터 할아버지를 발견하는 데 성공했습니다.

늦지대에서 20시간 이상 버틴 할아버지는 저체온증이 심했지만 병원에 즉시 이송돼, 회복 중이라고 하는데요.

가족들은 할아버지를 구해 준 수색대와 드론에 고마움을 전했습니다.

인도 여성 전용칸도 '지옥철이 따로 없네'

[앵커]

출퇴근 시간, 붐비는 지하철은 '지옥철'로 불릴만큼 통근자들을 지치게 만드는데요.

서울만 그런 게 아닙니다.

인도 뭄바이의 출근길도 만만치 않은데요.

영상 보시죠.

[리포트]

열차가 도착하기도 전에 승객들로 빈틈이 없는 승강장!

인도 금융허브로 불리는 타네 역인데요.

열차가 도착하기 무섭게 아수라장이 됩니다.

내리려는 사람, 타려는 사람들이 뒤섞이며 전쟁터가 따로 없고, 비명소리도 들려옵니다.

보시다시피 승객들이 모두 여성이죠.

여성을 대상으로 한 범죄가 빈번하게 발생하자 당국에서는 여성 전용칸을 만들었는데요.

여기에 탑승하는 여성 직장인들의 수요는 높은 반면 여성 전용칸의 수가 터무니없이 적어서 전쟁같은 출퇴근길이 반복되고 있다고 합니다.

지금까지 글로벌 브리핑이었습니다.

재해 수준 폭염에 '도쿄올림픽'도 비상

[앵커]

2020년 도쿄 올림픽, 패럴림픽이 이제 2년여 앞으로 다가왔습니다.

마스코트의 이름을 공개하고 관련 이벤트를 개최하는 등 일본은 준비에 박차를 가하고 있는데요.

하지만 도쿄 올림픽이 여름에 개최될 예정어서 무더위에 대한 우려가 높아지고 있습니다.

오늘은 도쿄 연결해 이와 관련된 이야기 나눕니다.

이민영 특파원, 도쿄 올림픽과 패럴림픽이 이제 2년여 앞으로 다가왔군요?

[기자]

네, 그렇습니다.

도쿄 올림픽은 2020년 7월 24일부터 8월 9일까지 패럴림픽은 8월 25일부터 9월 6일까지 열립니다.

마스코트의 이름도 공개됐습니다.

파란색이 들어간 올림픽 마스코트는 미래와 영원히라는 의미를 더한 '미라이토와', 분홍색이 있는 패럴림픽 마스코트는 왕벚나무의 일본어 발음과 강력하다는 뜻의 영어를 더한 '소메이티'로 결정됐습니다.

일본의 벚꽃을 알리는 동시에 장애인 선수의 훌륭함과 강인함을 의미한다고 합니다.

[시미즈 키유/가라테 선수 : "처음 들었을 때 귀여운 이름이라고 생각했어요. 그 안에 담긴 의미도 좋다고 생각합니다."]

올림픽 경기 체험과 같은 이벤트를 개최하는 등 일본에서는 2년 뒤 올림픽에 대한 준비가 한창입니다.

[앵커]

2년 뒤 지금 이 시기에 올림픽이 열린다는 건데요.

그런데 요즘 일본의 여름은 '재해 수준'이라고 불릴 정도로 폭염이 심한 상황이지 않습니까?

[기자]

네, 그렇습니다.

연일 최고기온 섭씨 40도를 오르내리는 폭염에 온열질환 관련 사망자가 계속 증가하고 있습니다.

어제 하루에만 열사병 등으로 1800여 명이 병원에 실려갔고, 8명이 숨졌습니다.

지난 1주일 동안 열사병 등의 온열질환으로 숨진 사람이 65명으로 역대 최대를 기록했습니다.

때문에 미국 월스트리트 저널과 영국 가디언 등 주요 외신들은 도쿄 올림픽에서 더위가 우려되고 있다는 내용의 기사를 일제히 실었습니다.

이곳 언론들도 폭염에 대한 우려를 표하고 있습니다.

["(올림픽은) 좋은 일이지만 열사병 등이 두렵죠."]

["컨디션에 따라서 발휘되는 능력이 달라질 수 있잖아요. 선수가 최우선이니까요."]

일본 환경부는 주요 경기장 주변의 기온과 습도 등을 토대로 '더위 지수'를 산정해 공개하고 있는데요.

마라톤 경기의 시작과 끝 지점인 국립경기장의 더위지수는 31.5℃, 골프장의 더위지수는 31.9℃ 였습니다.

　　더위지수 31℃ 이상은 모든 활동을 중단해야 할 정도로 위험한 수치라는 게 일본 환경부의 설명인데요.

　　그러면 두 곳 모두 운동 경기가 치뤄져선 안된다는 얘깁니다.

　　야외에서 응원을 해야 하는 관중들의 건강도 우려되기는 마찬가집니다.

　　["마라톤은 밖에서 응원할 수밖에 없잖아요. 자외선도 강하니까요. 이 시기는 더워서 응원도 힘들 것 같아요."]

　　[앵커]

　　그렇다면 이에 대한 대책은 마련되고 있는 겁니까?

　　[기자]

　　네, 관중석에 바람이 불게 하는 대형 팬을 설치하는 등의 대책을 모색중입니다.

　　마라톤 코스의 경우 노면온도의 상승을 억제하는 포장 공사도 진행중입니다.

　도로에 물을 안개 모양으로 뿜어내는 장치도 설치할 계획입니다.

　더불어 야외에서 치러지는 경기의 경우 경기 시간을 앞당길 예정입니다.

　예를 들어 마라톤의 경우, 오전 7시 30분에서 7시로 30분 앞당겨 시작합니다.

　하지만 30분이나 한 시간 정도 경기 시작 시간을 앞당기는 것으로는 근본적인 대책이 될 수는 없다는 지적이 제기되고 있습니다.

　국제 올림픽 위원회는 올림픽 개최 일정을 조정하는 방안도 열어두고 있는 것으로 알려졌습니다.

　지금까지 도쿄였습니다.

"네가 지켜보기만 해도 든든해"

로비 양이 새 전동 휠체어를 타고 처음 연습에 나선 날.

동네 친구가 다가옵니다.

"새로 산 휠체어구나~ 어떻게 타는지 보여 줄래?"

귓속말을 하자, 로비는 보란 듯이 전동 휠체어를 작동시킵니다.

"잘했어! 멋진데?"

친구가 옆에서 지켜보기만 해도 힘이 나는지 얼굴에서 웃음이 떠나지 않는 로비!

미국 펜실베니아 주에 사는 에비와 로비는 갓난아기였을 때부터 어울려 자랐다는데요.

"한번 더 타는 것 보여줘~"

에비의 든든한 응원에 로비는 떨리는 휠체어 연습을 즐겁게 할 수 있었답니다.

둘의 진한 우정!

쭉 이어가길 바랄게요!

프랑스, '하늘 나는 고래' 시험 비행 성공

 '하늘을 나는 고래'로 불리는 에어버스사의 초대형 수송기가 첫 시험 비행에 성공했습니다.

 프랑스 남부 툴루즈의 비행장에서 현지 시간 어제 에어버스 직원 만여 명이 지켜보는 가운데 벨루가 XL기가 성공적으로 이륙했는데요,

 길이 63미터, 높이 19미터에 달하는 이 초대형 수송기는 최대 51톤의 화물을 실을 수 있는 것으로 알려졌습니다.

 벨루가 XL기는 내년 취역 후, 초대형 항공기 부품을 수송하는 데 투입될 예정입니다.

108년 된 기차역 수놓은 1,100개 LED 조명

[앵커]

글로벌 브리핑입니다.

유서깊은 기차역이 형형색색 조명을 만나 예술 전시장으로 변신했습니다.

호주 멜버른의 상징이자, 교통의 거점인 이곳!

어떻게 단장했을지 영상, 보시죠.

[리포트]

어둠이 짙게 깔린 시각.

고풍스러운 건물 외벽이 물감을 발라놓은 듯, 번쩍입니다.

호주 빅토리아주에 있는 '플린더스 스트리트' 역인데요.

1910년에 완공된 멜버른 최초의 기차역으로 하루 평균 10만 명 이상이 이용하고요.

관광객이라면 반드시 찾는 명소이기도 합니다.

자그마치 108년 된 기차역이 내부 보수 공사를 마치고 외관도 새롭게 꾸몄는데요.

1,100개의 LED 조명을 추가로 달아 더욱 화려해진 대신 전력낭비가 없도록 개선했답니다.

유서 깊은 건축물과 인공 조명이 어우러져 한편의 예술작품을 보는 것 같네요.

태양계 끝에 위치한 소행성인 명왕성에서 지구의 모래 언덕과 같은 얼음 언덕이 발견됐습니다.

　과학 전문지 '사이언스'에 따르면 NASA의 원거리 우주탐사선 뉴호라이즌스호가 2015년 찍어 전송한 사진을 분석한 결과입니다.

　스푸트니크 평원을 덮고 있던 질소 얼음이 바람에 쓸리면서 언덕을 형성한 것으로 분석되는데요.

　지금까지 과학계에서는 명왕성의 대기층이 극도로 얇아 언덕을 만들 정도의 바람은 없을 것으로 추정해 왔습니다.

내 동생은 천사…단, 울지 않을 때만

태어난 지 얼마 안된 동생을 처음 안아 본 꼬마!

"동생이 천사같이 예뻐요~!"

두 눈에서 꿀이 떨어것 같죠.

그런데 아기가 울음을 터뜨리자 크게 놀란 언니!

재빨리 아기를 엄마한테 넘겨줍니다.

"동생이 예쁘긴 한데요. 울면… 무섭다고요~"

아기 울음 소리에 놀란 언니!

난감한 기색이 역력한데요.

듬직한 언니가 되기에는 시간이 좀 필요할 것 같네요.

이탈리아, 리비아에 난민 센터 건립 제안

　살비니 이탈리아 내무장관이 유럽행 아프리카 난민 대부분의 출발지인 리비아에 난민 센터 건립을 제안했습니다.

　살비니 장관은 현지 시간 어제 리비아를 전격 방문해 관계자들과 난민 대책을 논의했는데요,

　그는 난민 자격을 심사하는 난민 시설 설치로 리비아와 이탈리아 양국 모두 난민 부담을 완화할 수 있다고 주장했습니다.

　반면 리비아 측은 살비니 장관의 제안에 즉각적으로 반대 입장을 표명했습니다.

　지난 1일 출범한 이탈리아 포퓰리즘 연립정부는 난민 선박들의 입항을 금지하는 등 강경 난민 정책을 펼치고 있습니다.

美 매티스 국방 첫 방중…"비핵화 대북 압박 요구할 듯"

　제임스 매티스 미 국방부 장관이 오늘부터 2박 3일간의 중국 방문을 시작으로 한중일 3개국 순방에 나섭니다.

　취임 후 처음으로 중국을 찾는 매티스 장관은 북한 비핵화를 위한 중국의 역할을 강하게 요구할 전망인데요,

　동시에 북한의 구체적인 조치가 나오기 전까지는 대북 제재를 엄격히 지켜야 한다는 미국 정부의 입장을 전달할 것으로 예상됩니다.

　그는 방중에 앞서 기자들에게 많은 이야기를 듣고 대화를 갖고 싶다고 말하는 등, 일단은 신중한 태도를 취하려는 것으로 보인다고 현지 언론들은 분석했습니다.

ANNOUNCER

아나운서
윤 지 영
스 토 리

부모님은 어떤 분이신가요

📧 부모님은 어떤 분이신가요?

👤 아빠는 공무원, 엄마는 전업주부였어요. 동갑내기 부부인데 여행을 좋아하는 자유로운 영혼이에요. 어린 시절에는 그게 싫었어요. 제가 고3 때 입시 준비를 하고 있을 때도 학교를 일주일 결석하고 거제도 여행을 가야 했으니까요. 제가 뭐라고 하니까 아빠가 일주일 더 다닌다고 성적이 잘 나오진 않는대요. 부모님과 함께 있기 싫어하는 사춘기 시절에도 모든 곳에 다 끌고 다니고요.

성인이 돼서 보니까 제가 안 가본 곳이 없었어요. 정말 많은 경험을 했더라고요. 그리고 제가 부모가 되어 보니 부모님께서 제게 해 주신 것들이 얼마나 어려운 것들인지 깨달았죠.

어린 시절은 어땠나요

편 어린 시절은 어땠나요?

윤 활발하고 밝았어요. 너무 잘 웃어서 엄마한테 야단맞은 적도 많아요. 웃음이 터지면 잘 안 멈추거든요.

공무원 아버지 월급으로 온 가족이 살았기 때문에 살림 형편은 빠듯했어요. 그래도 부부 사이가 너무 좋으셨죠. 그걸 보면서 저도 행복했던 것 같아요. 아버지는 시인이세요. 감정 표현을 잘하셨던 멋진 아빠였어요. 그런 아버지에게 제가 많은 영향을 받은 것 같아요. 온 가족이 밤새 이야기를 한 적도 많아요.

사람들이 어떻게 아나운서가 됐냐고 물어봐요. 제가 다른 친구들과 달랐던 건 늘 저와 대화해 주시던 아버지가 계셨던 거예요. 항상 자신감을 심어 주셨어요.

"너는 뭘 해도 다 잘 될 거야."

제가 아나운서 시험에 떨어질까 봐 걱정했을 때에도

"너 같이 좋은 사람을 안 뽑으면 그 회사가 잘못하는 거지 너의 잘못이 아니란다."

남들보다 특별하지 않았던 제가 기죽지 않고 늘 명랑하게 할 수 있었던 이유는 아버지인 것 같아요.

중고등학생 시절의 장래희망은 뭐였어요

편 중고등학생 시절의 장래희망은 뭐였어요?

윤 저희 할아버지는 의사였어요. 저도 의사를 꿈꿨고요. 그런데 수학, 과학을 못 해서 일찌감치 포기했죠. 고등학생 때 뮤지컬에 빠져서 뮤지컬 배우를 꿈꾼 적도 있고요.

 제가 제일 잘했던 건 친구들을 모아 놓고 드라마 이야기를 하는 거였어요. 아나운서가 되고 나서 제가 사람들 앞에서 이야기하는 걸 원래 좋아했다는 걸 깨달았죠.

특별히 기억나는 사건이 있나요

편 특별히 기억나는 사건이 있나요?

윤 반에서 패싸움이 나면 중재를 했어요. 선생님과 학생들 사이에 오해가 생기면 반장이 아닌데도 나서서 양쪽을 왔다 갔다 하면서 말로 조목조목 오해를 풀었죠. 어린 시절부터 알 맹이가 있는 말은 상대방을 설득할 수 있다고 확신했던 것 같아요.

학창시절의 멘토가 있나요

🔲 학창시절의 멘토가 있나요?

🔲 저희 아버지요. 대화를 나누고 나면 다 해결돼요. "일은 네 생각과 다르게 어그러질 때도 있어."

"인생 전체로 봤을 때 이 일은 아무것도 아니야."

"너는 이 일로 이런 걸 얻었어. 너는 벌써 달라졌단다."

🔲 아이들을 대하는 제 태도를 반성하게 됩니다. 정말 멋진 아버지를 두셨어요.

방송사 공채 시험은 어떻게 준비했나요

편 방송사 공채 시험은 어떻게 준비했나요?

윤 공채 시험 중 상식 과목은 똑같아서 대기업 면접과 함께 준비했어요. 백화점 문화센터에서 하는 〈교양인을 위한 아나운싱〉이라는 강의를 들었는데, 강사가 KBS 아나운서였어요. 그분이 저와 친구에게 아나운서 시험을 볼 생각이 없냐고 물어봤어요. 당시에는 인터넷이 없었기 때문에 어떻게 하는지 몰라서 준비를 못 했죠. 그분이 자기가 도와줄 테니까 한번 해보라고 권유해 주시면서 원서도 갖다 주시고 다른 방송국 시험 일정도 알려주셨어요. 시험 멘토가 되어 준비를 많이 도와주셨죠. 정말 운이 좋았다고 생각해요.

맨 처음에 SBS 시험을 봤는데 최종 면접에서 떨어졌어요. 분하더라고요. 4학년 2학기 때는 되게 열심히 준비했어요. 그래서 졸업하기 전에 KBS 시험에 최종 합격했죠.

아나운서 후배들에게 어떤 선배이신가요

편 KBS 아나운서 후배들에게 어떤 선배이신가요?

윤 제가 후배일 때는 '나도 나중에 저 선배처럼 되겠지?', '저 선배처럼은 되지 않을 거야'라고 생각했어요. 그런데 이 일을 23년 동안 하다 보니까 저 자신이 매우 어리석었다는 생각이 들어요. 다른 사람의 인생을 제가 재단할 필요가 없고, 저 또한 저 만의 길을 개척하면 된다는 걸 알게 되었어요. 사람마다 잘할 수 있는 게 다르니까요. 저는 후배들의 본보기가 아니라 후배들이 자기만의 길을 개척할 수 있게 격려해주는 선배가 되고 싶어요.

누구나 새로운 것에 대한 두려움은 있어요. 그럴 때 후배에게 이렇게 말해주고 싶어요.

"네가 안 하던 거니까 더욱더 해야 해."

"나중에 이게 너한테 어떤 도움이 될지 몰라."

딸들이 TV에서 엄마가 나오면
뭐라고 하나요

📧 딸들이 TV에서 엄마가 나오면 뭐라고 하나요?

🙋 반가워하고 친구들에게도 자랑해요. 애들은 TV를 워낙 좋
아하니까요. 큰딸과 여행 프로그램을 같이했었는데 반응이 좋
았어요. 막내딸은 제가 〈여유만만〉을 진행할 때 몇 번 나왔는
데 방송을 재미있어했죠. 너무 어릴 때라 지금은 기억을 못 할
거예요.

선생님의 10년 후, 20년 후의 모습은 어떨까요

편 선생님의 10년 후, 20년 후의 모습은 어떨까요?

윤 제가 아나운서를 하는 이유는 저 혼자 잘 먹고 잘살기 위함이 아니에요. 이 세상에는 나와 우리 가족 모두가 속해 있어요. 결국 좋은 세상을 만드는 것에 저도 도움이 되어야죠. 사람들에게 좋은 영향을 주는 사람이 되고 싶어요.

아나운서라는 콘텐츠를 가지고 어떻게 하면 이 시대와 사회에 좋은 영향을 끼칠 수 있을까요? 어떤 기회가 온다면 무슨 일이든 해 보고 싶어요. 지금은 열린 마음을 가지려고 노력하고 있어요.

아나운서 윤지영은 어떤 세상을 꿈꾸나요

📋 아나운서 윤지영은 어떤 세상을 꿈꾸나요?

🎤 방송 일을 하다 보면 정말 수많은 사람을 만나요. 좋은 사람도 있고, 나쁜 사람도 있고, 삶에 지친 사람도 많죠. 문제는 상대방이 아니라 내가 어떤 마음을 갖고 사람들을 보는지가 중요하더라고요. 내가 관심과 애정을 갖고 상대방을 대하면 그 사람에게 좋은 영향을 끼칠 수 있다는 걸 알게 됐죠. 그게 제가 꿈꾸는 세상의 키워드인 것 같아요. '인간과 사회, 세상을 사랑하는 사람이 되자. 내 마음의 관심과 사랑을 넓혀서 사람들에게 좋은 영향을 끼치자.' 사람이 잘 안 변하는 것 맞지만 분명 변할 수는 있어요. 옆의 사람이 누구냐에 따라서 차이가 날 뿐이죠. 역시 인간과 세상에 대한 사랑이라고 생각해요. 그 사랑이 사람들의 마음을 열고 세상을 바꿀 수 있다고 확신합니다.

이 책을 마치며

편 이 책의 마지막 페이지까지 함께 해 주신 분들께 인사를 부탁드려요.

윤 사람들은 아나운서가 말을 잘하는 사람이라고 생각하지만, 이 책을 읽은 여러분은 아나운서에 대해 좋은 말을 하는 사람, 마음을 잘 표현하는 사람, 상대방의 마음을 편안하게 해 줘서 말을 잘 이끄는 사람이라는 생각을 하면 좋겠습니다. 그리고 여러분 모두 자신의 인생에서 소중한 사람들에게 아나운서와 같은 역할을 하는 사람이 되기를 바랍니다.

화면이나 음성이 아닌 책을 통해 여러분을 만난 건 저에게도 귀중한 경험이었어요. 저도 제가 이 책에서 이야기한 것들을 방송과 일상에서 실천할 수 있도록 늘 노력하는 아나운서가 되겠습니다. 정말 고맙습니다.

편 나의 관심과 사랑으로 상대방의 마음을 열고 대화하는 이 직업, 정말 멋집니다. 그 어떤 인터뷰보다도 마음이 편하고 따뜻했던 시간이었습니다. 선생님과의 대화를 통해 말에는 큰 힘이 있다는 걸 저도 다시 한번 깨달았어요. 내가 어떤 말을 하는 사람인지 되돌아보고, 내가 존중받고 싶은 만큼 상대방을 존경해야겠다고 생각했습니다. 많은 청소년이 아나운서라는 직업을 꿈꾼다면 여러분의 학교와 이 사회에 큰 변화가 있을 것 같아요. 사람이 사람에게 마음을 열어 이야기를 나누며 좋은 영향력을 주고받는 이 직업에 여러분 모두를 초대하고 싶습니다. 잡프러포즈 아나운서 편은 이것으로 마칩니다. 다음 편에서 만나요. 이 세상의 모든 직업이 학생들을 향해 온 문을 활짝 여는 그 날까지 다 함께 파이팅!

ANNOUNCER

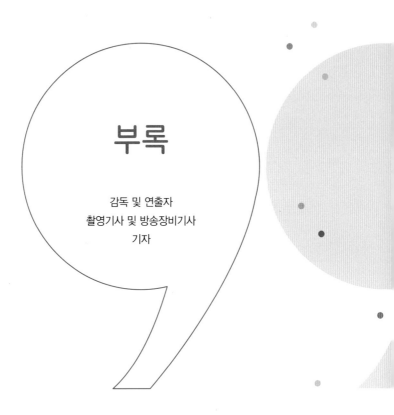

부록

감독 및 연출자
촬영기사 및 방송장비기사
기자

출처

한국고용정보원 워크넷 〉 직업정보 〉 직업탐방 〉 테마별 직업여행
http://www.work.go.kr

방송 · 언론 관련 직업

방송(Broadcast)이란 '농부가 넓은 들에 씨를 뿌리다'는 뜻에서 유래한 단어에요. 광활한 평야에 곡식을 뿌리듯 시사, 상식, 오락, 정보 등을 익명의 다수에게 널리 뿌린다는 의미로 생겨났죠. 전통적인 공중파 방송시대에는 같은 시각, 전국 곳곳에서 서로 다른 사람들이 저마다 같은 프로그램을 시청하는 동시성의 특성이 강했지만 시대의 흐름에 따라 방송의 개념과 특성도 변화하고 있어요. 뉴미디어의 발전으로 방송매체가 점점 다매체, 다채널의 시대로 접어들고 있기 때문이죠. 이제 케이블 TV와 위성방송의 반복편성, 인터넷 방송 등으로 고정된 시간의 틀 속에 시청자를 더 이상 묶어 둘 수 없게 되었어요. 더욱이 종합편성채널과 보도채널이 개국하고, 이들의 방송시간이 24시간으로 확대됨에 따라 방송 분야의 일자리에도 영향을 미치고 있답니다. 방송 분야의 대표적인 직업으로는 연기자, 가수, 감독 및 연출자, 아나운서, 촬영기사 및 방송장비기사 등이 있어요. 이들은 인기가 많고 매력적인 직업이지만 타고난 자질이 필요하고 경쟁률도 치열하여 입직하기가 쉽지 않은 특징이 있어요.

*"전문성을 갖춘 방송인, 언론인의 인기가
커질 전망이예요."*

삶의 질 향상과 주5일근무제 시행에 따라 여행, 문화, 패션,
음식 등의 여가를 즐길 수 있는 프로그램이 증가하고 있고, 앞
으로 해당 분야 직업들은 특정 분야에 더욱 전문화된 지식을
갖고 활동할 것으로 예상되고 있어요. 이렇게 여가문화가 중
요해지면서 엔터테인먼트 산업도 성장하고 있는데요, 많은 연
예기획사에서 연기자 양성에 힘쓰고 있어서 향후 신인 연기자
의 진출이 활발해질 것으로 전망됩니다. 이와 반대로 전통적
인 음반판매시장은 급격히 하락하고 있는 추세예요. 다행히
벨소리, MP3 다운로드, 스트리밍 등 모바일과 온라인으로 제
공되는 디지털 음악 산업이 크게 성장하고 있는데요, 이런 상
황에서 기획사들은 초기 투자비용이 많이 드는 신인가수 발굴
보다는 기존 가수들 위주로 음반을 발매하고 있어요. 따라서
신인가수 진출은 더욱 치열해질 것으로 보입니다.

*"방송·언론 산업 발달에 따라
함께 발전할 전망입니다."*

다양한 채널에서 프로그램을 진행할 아나운서가 점점 더 많이 필요해지고 있지만 부정적인 요소도 무시할 수 없어요. 매년 지상파방송사에서 뽑는 인력이 한 자릿수로 매우 적은데다가, 연기자나 개그맨 등이 아나운서의 전문영역까지 진출하고 있거든요. 또 방송사 간에 시청률 경쟁이 치열한 만큼 특정 스타 아나운서는 겹치기 출연하는 반면 프로그램을 맡지 못하는 아나운서들도 적지 않습니다. DMB 등 새로운 매체의 출현, 방송채널의 다양화, 방송프로그램의 세분화 등에 의해 향후 방송 프로듀서의 일자리는 증가할 것으로 전망됩니다. 영화감독의 경우, 한국영화가 세계 유명 영화제에서 좋은 성과를 올리고 한류 열풍도 두드러지고 있어 향후 영화감독의 일자리에 긍정적인 영향을 미칠 것으로 보여요. 하지만 영화감독의 직업적 특성상, 흥행의 실패나 경제적 어려움 등으로 이직을 선택하는 사람도 많습니다.

사회의 모든 정보를 수집하고 분석해서 일반대중에게 전달해 주는 전문적인 언론기관도 지상파 방송 3사와 신문이 주를 이루었던 과거와 달리 인터넷을 시작으로 와이브로(WiBro : 무선 광대역 인터넷), IPTV(인터넷 프로토콜 기반의 TV) 등 뉴미디어 시장이 등장하면서 신문과 방송, 통신과 인터넷 등 미디어 영역 간의 경계가 허물어지고 있어요. 이러한 변화와 함께 종합편성채널 및 보도채널 등이 신설되어 기자 등 언론 관련 직업의 일자리에 긍정적인 영향을 미치고 있죠. 문화관광체육부에 등록된 일간신문, 인터넷신문, 주간지, 월간지 등 정기간행물 등록 현황을 살펴보면 전반적으로 증가 추세에 있으며, 특히 인터넷 신문의 경우 큰 폭으로 증가하고 있다고 해요. 이로 인해 인터넷 공간에서 차별성 있는 소식을 빠르게 전달할 수 있는 역량 있는 언론인에 대한 수요가 늘고 있죠. 그러나 장기적인 경기침체에 따른 경영악화와 광고료 수입 감소, 구독률 저하 등이 겹쳐 일자리 창출이 그리 쉽지는 않을 것으로 보여요.

감독 및 연출자

"인생의 지루한 면을 걷어내고 보여주는 사람!"

"영화를 사랑하는 첫 단계는 영화를 두 번 보는 것이다. 두 번째 단계는 영화에 관한 평을 쓰는 것이고, 세 번째는 영화를 만드는 것이다. 그 이상은 없다."

누벨바그Nouvelle Vague를 대표하는 감독 프랑수와 트뤼포의 말입니다. 여기서 영화는 연극, 드라마, 다큐멘터리로 바꾸어 생각할 수도 있겠죠.

누벨바그는 '새로운 물결'을 뜻하는 프랑스어로, 1950년대 후반 프랑스의 젊은 감독들을 중심으로 일어난 새로운 풍조를 말합니다. 그들은 전통과 관습에서 벗어나 감독의 창조적 개성이 반영된 영화를 만들고자 했어요. 작가가 쓴 시나리오대로 단순히 영화를 '찍기'만 하던 감독들은 이 새로운 물결에 따라 자신들의 새로운 촬영기법이나 철학을 영화에 불어넣기 시작했답니다. 영화가 좀 더 예술에 가까워진 것이죠.

어떤 일을 하나요?

"작품 구석구석,
우리의 손길이 미치지 않는 곳이 없어요"

요즘은 익숙한 장면이지만, 알고 보면 누벨바그 감독들에 의해 창조된 것이 많습니다. 대표적인 것 하나, 바로 '프리즈 프레임freeze frame기법'입니다. 말 그대로 화면이 얼어붙은 듯 정지하는 거죠. 요즘은 드라마 엔딩장면에서 자주 쓰이기 때문에 여러분은 뭐가 새롭냐고 하겠지만, 그땐 화면이 느닷없이 멈추는 이 기법이 신선하고 충격적이기까지 했답니다. 영화나 드라마, 연극을 너무 좋아한 나머지 스스로 만들어 보고 싶은 당신! 감독이 되어 새로운 물결(누벨바그)을 창조해 보는 것은 어떨까요?

감독 및 연출자는 연극, 영화, 라디오와 TV 프로그램, 광고 등의 제작을 총괄적으로 감독하고 연출하는 사람입니다. 보통 방송에서는 PD(프로듀서, Producer), 영화에서는 감독, 연극에서는 연출자라고 부르지요.

방송프로듀서는 지상파나 케이블방송사, 독립프로덕션 등에서 일하면서 라디오나 TV의 드라마, 교양, 예능, 스포츠 프로그램 등을 기획하고 촬영 · 편집과정에도 참여하며, 출연자를 섭외하는 등 방송 제작 전반을 책임집니다. 영화감독은 연기자의 연기에서부터 촬영에 필요한 조명 · 세트 · 효과 · 분장 등에 이르기까지 영화를 제작하는 데 필요한 모든 제작진을 통솔하여 영화를 만들어요. 연극연출자는 대본을 해석해 배역에 맞는 배우를 캐스팅하고, 무대 · 조명 · 의상 등을 담당할 스태프를 구성하며, 공연연습을 지휘합니다.

이처럼 작품 제작의 모든 과정에 연출자나 감독의 손길이 미치지 않는 곳이 없습니다. 결국 방송이나 연극 · 영화는 감독 역량의 총체라고 할 수 있어요.

어떻게 준비하나요?

"전문 교육과 현장 경험, 모두 중요해요"

방송프로듀서는 보통 각 방송사의 공개채용을 통해 일을 시작합니다. 한 가지 반가운 소식은 과거 응시조건으로 4년제 대학졸업 이상의 학력을 요구하던 지상파방송사들이 점차 학력 제한을 폐지하고 있다는 것입니다. 전공 역시 제한을 두고 있지 않아요. 대학의 동아리활동 경험이나 방송아카데미의 교육을 받으면서 준비하는 것이 좋다고 합니다.

영화감독은 보통 조감독이나 단편영화감독으로 활동하면서 감각을 익힌 후 정식으로 데뷔하지만, 시나리오작가에서 감독으로 변신하는 경우도 있습니다. 연극연출자는 극단의 연출부로 들어가 조연출로 시작하는 것이 일반적이죠. 영화나 연극을 연출하려면 대학의 연극영화과에서 연출전공을 하여 이론과 실무에 대한 전문교육을 받거나 사설학원에서 영화제작에 대한 전반적인 교육을 받을 수 있습니다. 최근에는 대학이나 해외유학을 통해 방송 영화·연극 연출을 전문적으로 공부한 사람들의 진출이 늘고 있다고 하네요.

이 직업의 현재와 미래는?

"다채널·다매채 시대, 다양한 볼거리가 필요해요"

DMB 등 새로운 매체의 출현, 방송채널의 다양화, 방송프로그램의 세분화 등에 의해 향후 방송 프로듀서의 일자리는 증가할 것으로 전망됩니다. 연극 연출의 경우 연극에 대한 관객의 호응이 점차 높아지고 있지만 인기 연극배우가 등장하는 공연으로 관객이 몰리면서 연극계에 부익부 빈익빈 현상이 심하게 일어나고 있다는 지적도 있습니다. 영화감독의 경우 한국영화가 세계 유명 영화제에서 좋은 성과를 올리고 한류 열풍도 두드러지고 있어 향후 영화감독의 일자리에 긍정적인 영향을 미칠 것으로 보여요. 하지만 영화감독의 직업적 특성상, 흥행의 실패나 경제적 어려움 등으로 이직을 선택하는 사람도 많습니다.

영화나 연극, 방송의 연출자는 새로움을 추구하는 예술가이기도 하지만 많은 스텝을 이끌어야 하는 사람입니다. 리더십이 꼭 필요하죠. 또 하나. 거장 알프레드 히치콕 감독은 "영화는 지루한 부분이 커트된 인생이다"라고 했지요. 자신이 말하고자 하는 바를 나타내면서도 관객이 집중력을 잃지 않도록 군더더기가 없어야 합니다. 자신만의 작품을 구상하면서 꼭 포함되어야 할 것과 없어도 되는 것을 가려내는 연습을 해보세요. 어떻게?

　요즘 학교에서 내주는 영상과제가 많잖아요. 종종 학교폭력이나 안전사고 등에 대한 UCC 공모전이 열리기도 해요. 스마트폰을 이용한 모듬별 UCC제작에 감독으로 참여해 보는 것은 어떤가요?

촬영기사 및 방송장비기사

"조리사도 아니면서
밥을 짓는 사람들의 이야기"

영화 촬영을 위한 배우들의 열정은 놀랍습니다. 〈미션 임파서블4〉에서 톰 크루즈가 800m 넘는 세계 최고층 빌딩 꼭대기에 앉아 대역도 없이 촬영하는 모습에 많은 사람들이 찬사를 보냈죠. 그런데 그런 장면을 촬영하고 준비한 사람들의 노고는 의식하지 못할 때가 많은 것 같아요. 다름 아닌 '스텝'이라고 불리는 분들! 몇 년 전 영화제에서 남우주연상을 받은 한 배우는 '밥상소감'으로 화제를 모았습니다. 자신은 스텝들이 멋진 밥상을 차리면 맛있게 먹는 역할을 할 뿐인데, 스포트라이트는 혼자 다 받는 것 같다는 내용이었죠. 겸손의 표현이었지만, 많은 공감을 불러일으키면서 시상식 단골멘트로 두고두고 패러디되고 있답니다. 사실 드라마, 영화 한 편을 만들기 위해서는 '밥 짓는 사람들'이 정말 많이 필요해요. 그 중에서도 촬영기사와 방송장비 기사는 밥솥을 움직이는 핵심인력이 아닌가 싶습니다.

어떤 일을 하나요?

"그들의 위엄을 느끼다!"

휴대폰이나 캠코더로 동영상을 촬영하고 편집해본 사람들은 아마 느껴봤을 거예요. TV드라마나 영화의 화면을 촬영하고 편집하는 사람들의 위엄을요. 어쩌면 그렇게 좋은 각도에서, 흔들림도 없이 촬영하는지. 장면과 장면의 전환은 어쩜 그리 자연스러운지. 내가 찍으면 사람이 조금만 움직여도 머리가 잘리기 일쑤고, 편집이라도 할라치면 화면이 뚝뚝 끊기는데 말이죠.

촬영기사는 TV나 영화에서 쓰이는 영상을 직접 촬영합니다. 현장에서는 카메라맨 혹은 촬영감독이라고 불리죠. 방송장비기술자는 촬영된 영상을 방송용으로 편집하고 음향 시설을 관리하며 방송을 내보내는 일을 하는 사람이에요.

촬영기사는 주로 스튜디오나 야외에서 일합니다. 아름다운 화면을 만들기에 적절한 카메라의 위치를 선정하고, 인물과 배경의 초점을 맞춘 뒤 촬영을 시작해요. 가끔씩 주인공들의 수중 뽀뽀씬이 나올 때가 있죠? 이때는 당연히 직접 물속에서 촬영하고요. 공중에서 내려다본 장면을 촬영할 때는 헬리콥터를 타고 촬영한답니다.

　방송장비기술자들이 하는 일을 크게 두 가지예요. 방송을 제작하는 일과 방송을 내보내는 일. 제작하는 사람은 방송국의 조정실이나 중계차에서 일하면서 음향과 조명, 편집을 담당합니다. 방송을 내보내는 송출기술 분야에서 일하는 사람은 송신소에서 일하면서 방송파를 보내는 일을 맡고 있지요. 이런 방송장비기술자들을 통틀어 엔지니어Engineer라고 부른답니다. 각종 예능프로그램 화면에 삽입되는 자막을 처리하는 일, 관중들의 박수나 웃음소리를 적절히 삽입하는 일, 토막토막 촬영된 화면을 매끄럽게 잇는 일, 송신설비를 최상의 상태로 유지하여 시청자에게 선명한 화면과 깨끗한 음질을 제공하는 일 모두 이 사람들이 해요.

어떻게 준비하나요?

"전문적인 교육·훈련이 필요해요"

영상물의 제작 전반에 대한 이해와 각종 장비를 다루는 기술이 필요합니다. 전문적인 교육과 훈련을 받아야 해요.

대학의 영상 및 방송기술 관련 학과에서는 촬영, 편집, 음향 등 방송 및 영상물 제작 전반에 대한 이론과 실기를 가르치고 있답니다. 특히 실제 프로그램 제작 실습을 받을 수 있기 때문에 이들의 세계를 미리 체험하고 익힐 수 있어요. (전문)대학교에 진학해 전기, 전자, 통신 관련 학과, 또는 영상제작, 방송기술 관련 학과를 졸업하는 방법 외에 사설학원에서도 관련 지식을 배울 수 있답니다.

자격증은 반드시 필요한 것은 아니지만 방송 시설을 다루기 위해서는 한국산업인력공단에서 시행하는 무선설비기사, 방송통신기사, 산업기사 등의 자격증을 따면 도움이 될 수 있습니다.

지상파방송사에서는 보통 공개채용을 통해 인력을 뽑고 있어요. 촬영기사의 경우 (제작)카메라 분야, 방송장비기술자

의 경우 방송기술직으로 지원하면 됩니다. 영화제작에 참여
하기 위해서는 오랜 기간 조수생활로 경력을 쌓은 후에야 일
할 기회가 주어지게 된답니다. 하지만 최근에는 대학에서 관
련 전공을 공부했거나 해외 유학을 다녀온 후에 일하는 경우
도 늘고 있어요.

이 직업의 현재와 미래는?

**"영상매체 시대의 유망 직업,
하지만 경쟁도 치열해요!"**

한국영화의 인기가 높아지면서 영화 제작이 활발해지고 있고,
방송채널 역시 다양해지고 있습니다. 특히 HD TV와 같은 최
신 기술의 TV가 보급되면서 고화질, 고음질 등을 통해 질 높
은 방송을 원하는 시청자들이 늘어나고 있어요. 따라서 영상
제작에 있어 촬영, 조명, 음향, 영상 분야의 전문인력은 점점
더 중요해지고 있답니다. 하지만 지상파방송사와 같이 안정적
인 일자리에 대한 취업 경쟁은 치열한 편이랍니다.

한 작품을 만들기 위해서는 수많은 사람이 함께 일하게 됩니다. 연출자와 배우를 비롯해 각 분야의 전문가라고 할 수 있는 사람들이 함께 호흡을 맞춰 일하는 것이 중요해요. 따라서 인간관계를 잘 유지할 수 있어야 합니다. 또 폭우 속에서도, 한파나 찜통더위 속에서도 작업은 계속되고, 밤샘 촬영도 잦기 때문에 빡빡한 스케줄을 견딜 수 있는 강철 체력이 필수라고 합니다.

기자

눈은 번쩍, 귀는 쫑긋, 손놀림은 빨리빨리!

어떤 희생과 위험을 무릅쓰더라도 진실을 전하겠다는 마음! 이것이 기자정신입니다.

기자를 꿈꾸는 사람이라면 '카파이즘'이란 단어를 기억해 두세요. 이는 어떤 희생과 위험을 무릅쓰더라도 진실을 전하겠다는 기자정신을 가리키는 말로, 사진작가이자 종군기자인 '로버트 카파'의 이름을 딴 것입니다.

20세기 초중반 전 인류는 전쟁의 광기에 사로잡혀 있었어요. 그는 전쟁의 참혹함을 세상에 알리기 위해 가장 치열한 전투에 직접 참여해 생생하고도 끔찍한 전쟁의 현장을 카메라에 담았지요. 2차 대전을 더 빨리 종결시키기 위한 연합군의 노르망디 상륙작전 감행. 그 중에서도 오마하 해변 전투는 배에서 미군 특수부대가 채 내리기도 전에 독일군의 기관총 사격이 시작되어 70%가 넘는 군인들이 죽거나 다칠 만큼 아비규환이었습니다. 그는 이곳에도 달려가 이 현장을 고스란히 카메라에 담았습니다.

영화 〈라이언 일병 구하기〉에서 오마하 해변의 전투가 생

생하게 그려진 것도 그의 사진에 의한 증언이 있었기 때문이
지요.

어떤 일을 하나요?

"새로운 소식과 이웃의 이야기를 빠르게 전해요"

기자는 우리 주변에서 일어나는 각종 사건사고, 스포츠·정
치·문화 소식, 생활정보, 그리고 세계 각국에서 일어나는 일
등을 기사화해 일반인에게 신속하게 제공하는 사람을 말합니
다. 활동하는 분야에 따라 방송기자, 신문기자, 잡지기자, 인
터넷기자 등으로 불려요.

　방송기자와 신문기자는 정치부, 사회부, 문화부, 경제부,
국제부, 체육부 등에 소속되어 사건 사고, 뉴스 등을 취재하
고, 관련 인물을 인터뷰하여 기사화하는 일을 합니다. 따라서
경찰서나 각 정부부처 등에 출입하면서 관련한 뉴스, 인물 등
을 취재하기도 하고, 독자가 제보한 내용을 기사로 쓰기도 하
며, 기사가 될 만한 것을 직접 찾아내 심층취재를 합니다. 개

인이나 단체가 여는 기자회견에 참여할 때도 있죠. 보통 취재기자와 편집기자로 나뉘는데 이 같은 일은 취재기자가 맡아요. 편집기자는 취재기자가 보내온 기사 내용을 점검해서 방송 또는 신문에 싣기 적합하게 편집합니다. 방송시간이나 신문지면의 어느 정도를 할당할 것인지를 정하고 기사 내용을 다듬는 작업이죠.

잡지기자는 시사잡지, 영화잡지 등 특정 분야를 주로 다루는 잡지사에 소속되어 잡지 내용을 기획하여 취재하고 인터뷰해 기사를 작성해요. 규모가 있는 잡지의 경우 취재기자, 사진기자, 편집기자 등이 별도로 있으나 소규모 잡지는 소수의 기자가 이러한 업무를 모두 담당하기도 한답니다. 의학전문기자, 스포츠전문기자 등 특정 분야의 전문기자로 활동하는 경우도 늘고 있습니다. 독자들의 수준이 높아지면서 전문기자에 대한 수요가 늘었기 때문이지요.

어떻게 준비하나요?

"학교 신문사나 방송사 경험이 도움이 될 수 있어요"

기자는 KBS, MBC, SBS 등 지상파방송사를 비롯해 종합유
선방송, 지역민영방송 등의 방송국과 일간지, 지역신문사, 잡
지사, 인터넷언론사 등에서 활동합니다. 지상파방송사와 주요
일간지는 공개채용을 하는데 회사마다 차이가 있지만, 일반적
으로 '서류-필기시험-면접' 등의 절차를 거칩니다. 논술, 상
식 등을 평가하고, 시사문제와 관련한 특정 주제를 주고 발표
를 하게 하거나 기사작성을 하도록 하는 곳도 있습니다. 방송
기자는 카메라테스트도 받아야 해요. 영어능력도 중시하는 편
이니 공인인증영어점수를 높이는 데 힘써야 합니다.

　기자의 전공은 다양하지만, 신문기자나 방송기자 중에는
대학교의 신문방송학과, 정치학과, 사회학과 등 인문·사회
계열 전공자가 많은 편입니다. 기자에게 필요한 비판적인 시
각, 논리적으로 글 쓰는 능력을 배울 수 있는 분야이기 때문
이지요.

　채용 시 전공·학력·연령 제한을 두지 않는 곳도 늘고 있

지만, 주요 언론사의 경우 4년제 대학교 졸업 이상자로 학력을 제한하기도 해요. 일부 신문사에서는 인턴과정, 대학생 기자 등의 경험이 있는 사람을 우대하기도 하니, 학교 신문사나 방송사에서 미리 기자 생활을 체험해 보는 것이 좋습니다. 대학생 인턴기자 등으로 활동할 수 있는 기회를 적극적으로 찾아보세요.

이 직업의 현재와 미래는?

"선호도가 높은 직업, 경쟁이 몹시 치열해요"

전체적으로 기자 분야의 전망은 밝지만 세부적으로는 약간의 차이가 있습니다. 방송사와 채널이 계속 늘어나는 데다 미디어법 개정으로 신문 – 방송 간 경계가 허물어지면서, 인터넷과 IPTV 등 새로운 매체 등 다양한 분야에서 일할 기자들이 더욱 많이 필요할 것으로 보입니다. 이처럼 방송기자와 인터넷기자의 고용은 증가할 것으로 보이나 신문이나 잡지기자는 현 상태에 비해 그 숫자가 크게 늘어나지는 않을 것으로 예상

되고 있어요. 한편, 방송 관련 직업에 대한 선호도가 높은 편이고, 방송이나 주요 언론사의 채용은 언론고시라 부를 정도로 준비기간이 오래 걸리며, 입사하기 위한 경쟁 또한 매우 치열하다는 것을 알아두세요.

+ + + + + + + + + 한 걸 음 더 + + + + + + + + +

기자가 되기 위해 반드시 필요한 것은 바로 글쓰기 능력입니다. 언론사에 입사하려면 작문·논술 시험을 봐야 하는데요, 글의 앞부분에 얼마나 글 전체의 요지가 잘 드러나느냐가 관건이라고 합니다. 사람들이 기사를 접할 때 앞부분만 보고 더 읽을지 말지를 선택한다는 것을 생각하면 알 수 있겠죠? 핵심적인 내용을 간결하게 쓰는 연습을 해보세요!

요즘 학과마다 논술반, 신문반 등의 동아리 활동이 활발합니다. 이런 활동에 참가하는 것도 글쓰기 능력을 기르는 데 도움이 될 것 같습니다.

청소년들의 진로와 직업 탐색을 위한
잡프러포즈 시리즈 18

마음을 열 수 있다면

2018년 9월 14일 | 초판1쇄
2023년 6월 1일 | 초판4쇄

지은이 | 윤지영
펴낸이 | 유윤선
펴낸곳 | 토크쇼

편집인 | 김수진
디자인 | 김경희
마케팅 | 김민영

출판등록 2016년 7월 21일 제2019-000113호
주소 | 서울시 서초구 나루터로 69, 107호
전화 | 070-4200-0327
팩스 | 070-7966-9327
전자우편 | myys327@gmail.com
ISBN | 979-11-88091-37-9(43190)
정가 | 15,000원